¿Cómo le llamaremos?

Francis y Carlota Rey

¿Cómo le llamaremos?

Si usted desea que le mantengamos informado
de nuestras publicaciones, sólo tiene que remitir-
nos su nombre y dirección, indicando qué temas
le interesan, y gustosamente complaceremos su
petición.

Ediciones Robinbook
información bibliográfica
C/. Industria 11 (Pol. Ind. Buvisa)
08329 - Teià (Barcelona)
e-mail: info@robinbook.com

Visite nuestra
WEB

www.robinbook.com

© 2003, Francis y Carlota Rey.

© 2003, Ediciones Robinbook, s. l., Barcelona.
Diseño cubierta: Regina Richling.
Ilustración de la cubierta: Illustration Stock.
Compaginación: MC producció editorial.
ISBN: 84-7927-631-2.
Depósito legal: B-103-2003.
Impreso por Limpergraf, Mogoda, 29-31 (Can Salvatella),
    08210 Barberà del Vallès.

Impreso en España - *Printed in Spain*

Presentación

Al proyectar este nuevo diccionario de nombres nos propusimos abordarlo desde un enfoque temático. Es decir no presentar su contenido sólo en orden alfabético, sino distribuirlo según los temas o los arquetipos que han inspirado su uso más o menos habitual como nombres propios. Pretendimos también darle un carácter de enciclopedia, al incluir en cada caso una breve reseña sobre el asunto o personaje en cuestión.

Acotamos asimismo el número de entradas, priorizando aquellos nombres que resultan más comunes y eufónicos en nuestro ámbito lingüístico, y descartando los que han caído en desuso por ser ya obsoletos o de una cacofonía evidente para los oídos actuales. Ese criterio responde a la utilidad del libro para quienes busquen un nombre para un niño o niña, quieran saber más sobre su propio nombre o el de su pareja, familiares o amigos, o averiguar porqué se llamaban de tal forma sus antepasados o determinados personajes. En este aspecto nos ha parecido prudente acotar el registro a nombres habituales desde principios del siglo XX y desde luego en la actualidad, agregando algunos de importancia histórica o religiosa.

Entendemos que hemos cumplido satisfactoriamente ese propósito, aunque siempre agradeceremos los aportes u observaciones de los lectores para mejorarlo. Pasemos ahora a describir la estructura y los posibles usos de este libro.

Distribución temática

Seleccionar y distribuir los temas en que dividiríamos esta obra fue motivo de largas reflexiones, propuestas y discusiones. Finalmente decididimos comenzar por los nombres de la Biblia, según los dos Testamentos que la constituyen. La continuación natural de este principio fueron los nombres cristianos, ya fueran genéricos, del Santoral, de la Virgen o de los ángeles. Luego la gran fuente onomástica que constituyen los personajes mitológicos y legendarios, seguido de los históricos y de los de ficción literaria o de obras operísticas. Después de estos arquetipos individuales se pasa a otro tipo de fuentes, como el reino de la naturaleza, los topónimos, los nombres de inspiración astral y los correspondientes a cualidades o virtudes.

Inclusión de los nombres por temas

En muchos casos, por no decir en casi todos, un nombre podía incluirse en dos o más apartados. Decidimos registrarlo en aquel tema que resultaba más evidente o preciso como fuente de su carácter onomástico. Hay también algún nombre que no encaja claramente en su tema, pero se ha colocado allí por ser lo menos impropio, al no poder excluirlo por su importancia onomástica.

Las variantes

En el caso de las variantes nos hemos saltado a menudo nuestra propia regla de no incluir nombres obsoletos o disonantes, en beneficio de lo que exige la onomástica ortodoxa. De todas formas hemos recortado bastante en este aspecto, a la vez que colocamos como variantes algunos apócopes y diminutivos de uso corriente.

Las onomásticas

Después de publicarse nuestro libro anterior («El nuevo libro de los nombres», Víctor, 1999) recibimos varias observaciones de los lectores. La ma-

yor parte de ellas provenían de personas que celebraban su aniversario en
una fecha distinta de la que poníamos para su nombre. Lo cierto es que el
problema de las correspondencias onomásticas de nombres y fechas trae
de cabeza a los que nos dedicamos a investigar y difundir el tema. La propia Iglesia tiene varias versiones «oficiales» del santoral, sin contar las diferencias entre la Sede Romana y la Ortodoxa, o las que existen para los
nombres provenientes de fuentes no cristianas o los que han sido portados
por dos o más personajes.

Hemos procurado ajustar nuestro calendario onomástico consultando y
combinando las fuentes más fiables, elaborando un registro que elimina
muchos nombres perimidos para hacerlo más manejable y actual. En ciertos casos de duda o duplicidad del nombre, presentamos las dos fechas en
la ficha respectiva.

Cómo consultar la obra

Aunque tenemos la ilusión de que esta obra pueda ser leída de corrido,
como forma amena de instruirse sobre su asunto, entendemos que su uso
habitual será la búsqueda de determinado nombre, onomástica o tema.
Para ello el lector o lectora puede consultar el índice general, incluido al
principio del libro, o al final de éste el anexo I, que corresponde al calendario onomástico por meses y días del año, y el anexo II que presenta en orden
alfabético todos los nombres que se incluyen en él.

Nombres bíblicos

Antiguo Testamento

Como es sabido, los libros que conforman el Antiguo Testamento contienen una gran cantidad de nombres personales, no sólo por abarcar un extenso periodo histórico, sino también porque algunos capítulos sirven como registro de las genealogías y linajes del pueblo hebreo. Aquí hemos seleccionado los nombres que portaron los principales protagonistas de los hechos narrados.

Aarón

Origen: hebreo, quizá tomado del egipcio.
Significado: «arca» (también «elevado», «brillante»).
Variantes: Aharón, Harún (árabe).
Onomástica: 1 de julio.

Nombre llevado por el hermano mayor de Moisés, que actuó como consejero e intérprete de éste durante los episodios del Éxodo. El Pentateuco registra la consagración de Aarón como primer Sumo Sacerdote. Más tarde cayó en desgracia por haber construido un vellocino de oro, deidad pagana de origen griego, falta que le vedó la entrada en la tierra prometida.
Personajes célebres: *Aarón Acharón* (siglo XIII), rabino y filósofo; *Aarón Há-Levi* (siglo XIII) rabino y pedagogo español, nacido en Barcelona; *Aarón Copland* (1900-1990), compositor estadounidense de tendencia neoclásica, autor de obras sinfónicas y de cámara, así como de partituras para la escena y el cine.

Abdón

Origen: hebreo.
Significado: de *abd-don*, «servidor de Dios».
Variantes: Abdiel, Abdías, Abda.
Onomástica: 19 de noviembre.

El nombre Abdón aparece en el Antiguo Testamento como perteneciente a un juez de Israel. El santoral registra un San Abdón como uno de los mártires de las persecuciones a los cristianos. La variante Abdiel corresponde al cuarto de los ocho profetas menores, que predicó en el siglo V a. C.

Abel

Origen: hebreo, de posible influencia asiria.
Significado: de *ab-el*, «breve», «efímero».
Variantes: Abelardo, Habel (precedente asirio que significa «hijo»).
Onomástica: 28 de diciembre.

Segundo hijo de Adán y Eva, asesinado por su hermano mayor, Caín, en un rapto de celos por el favor de Dios *(Génesis 4:2-8)*. Este acto es considerado el primer crimen en la historia de la Humanidad según la versión bíblica. El nombre de Abel ha adquirido la simbología del hombre bueno, inocente y devoto, contrapuesta a la demonización de Caín como encarnación del mal.

Abimélec

Origen: hebreo.
Significado: de *Abi-melekh*, «Dios es Dios».
Variante: Abimael, «Padre de Dios», quizá proveniente de la época arcaica del judaísmo.
Onomástica: no tiene.

Con este nombre figura en el Antiguo Testamento el rey de Guerar, que raptó a Sara, mujer de Abraham, dado que éste la había presentado como su hermana. Un sueño reveló a Abimélec su error, por lo que devolvió a Abraham su mujer junto con mil monedas de plata (*Génesis 20:2-16*).

Abraham

Origen: sumerio y hebreo.
Significado: de *Abrah* y *Ab-hamon*, «Padre de multitudes».
Variantes: Abram.
Onomástica: 15 de junio.

Fue el primer patriarca de Israel, famoso por aceptar el mandato divino de sacrificar a su hijo Isaac, detenido a última hora por un ángel. Antes de conducir al futuro pueblo hebreo desde Sumeria a Palestina, llevaba el nombre de *Abrah* («Padre excelente») que luego el propio Yavé convirtió en *Abraham*, «Padre de multitudes». De él provienen las tres grandes religiones monoteístas: el Islam, a través de su hijo mayor Ismael; el judaísmo, por medio de su hijo Isaac; y el cristianismo, como derivación cismática de la religión hebrea.
Personaje ilustre: *Abraham Lincoln* (1809-1865). Elegido presidente de los Estados Unidos en 1860, se enfrentó con éxito a la secesión de los Estados sureños y abolió la esclavitud. Murió asesinado por un fanático.

Absalón

Origen: hebreo.
Significado: de *ab-shalom*, «paz de Dios», o también «Dios es prosperidad».
Variantes: Absalom, Axel (en países nórdicos).
Onomástica: no tiene.

Hijo del rey David, conspiró contra su padre. Cuando la conjura fue descubierta huyó de Jerusalén a caballo, pero su larga cabellera se enredó en las ramas de un árbol, derribándolo. Fue ejecutado por Joab, desobedeciendo las órdenes de David de capturarlo vivo.

Ada

Origen: hebreo.
Significado: de *adah*, «belleza», «adorno».
Variantes: Ado, Hada.
Onomástica: 4 de diciembre.

En el Antiguo Testamento este nombre corresponde a la esposa de Esaú, hijo de Isaac que vendió la primogenitura a su hermano por un plato de lentejas.

Adán

Origen: hebreo.
Significado: de *adam*, «hecho de arcilla», o simplemente «hombre» para aludir a toda la humanidad.
Variantes: Adam, Adamo.
Onomástica: 29 de julio.

Es el protagonista de la versión que da el Génesis del ancestral mito del primer ser humano como surgido de una figura de arcilla *(Génesis, 2:7)*. Adán y su mujer, Eva, fueron expulsados del edén por comer el fruto prohibido del árbol de la sabiduría. Ya en el destierro tuvieron dos hijos: Caín y Abel.
Personajes célebres: *Juan Adán* (1741-1816). Pintor español nacido en Tarazona, trabajó en las catedrales de Lérida, Jaén y Granada; *Adam Smith* (1723-1790), economista escocés, célebre por su obra «Investigación sobre la naturaleza y causa de la riqueza de las naciones».

Adonías

Origen: hebreo.
Significado: del reiterativo *adonies*, «Mi señor es Dios».
Variantes: Adón, Adoníes.
Onomástica: 16 de agosto.

Nombre del cuarto hijo de David y por tanto hermano de Salomón, al que intentó destronar. La conjura fue descubierta y Adonías condenado a muerte.

Amón

Origen: hebreo y egipcio.
Significado: del hebreo *amnom*, «leal», o el egipcio amen, «misterioso».
Variantes: Ammon, Ammó.
Onomástica: 26 de enero.

En su vertiente hebrea Amón (¿-640 a. C.) fue el decimoquinto rey de Judá, que violó a su hermana Tamar y murió asesinado por una conjura cortesana. En Egipto llevó este nombre el dios principal del culto faraónico, señor de la naturaleza y del ciclo de su renovación vital.

Antíoco

Origen: griego.
Significado: de *anti-ochós*, «liberador», «firme».
Variantes: no tiene.
Onomástica: 13 de diciembre.

Nombre portado por trece reyes seléucidas, que entre los siglos III y I a. C. dominaron desde Siria gran parte del Asia Menor. La Biblia cita a Antíoco IV Epífanes, como represor de la rebelión de los judíos macabeos en la segunda mitad del siglo II a. C.
Personajes célebres: *Antíoco III Megas* (242-187 a. C.), llamado «El Grande», expandió su imperio en guerras de conquista, pero fue derrotado por los romanos en la célebre batalla de las Termópilas; *Antíoco XIII* (¿-64), último rey seléucida, sometido por Pompeyo, quien redujo Siria a colonia tributaria de Roma.

Azarías

Origen: hebreo.
Significado: de *azarya*, «Dios nos ayuda».
Variantes: Azaries, Azariel (*véase* Ángeles), Azarquiel.
Onomástica: 4 de febrero / 16 de diciembre.

Son varios los personajes bíblicos que llevan este nombre. Entre ellos un rey de Judá, sucesor de Amasías; un sumo sacerdote del rey Josafat; y uno de los compañeros de cautiverio del profeta Daniel.

Baruc

Origen: hebreo.
Significado: de *bar-uk*, «bendito».
Variante: Baruch.
Onomástica: 1 de mayo.

Profeta del Antiguo Testamento, discípulo de Jeremías. Autor del «Libro de Baruc», donde resalta la piedad de los judíos durante su cautiverio.
Personaje célebre: *Baruch Spinoza* (1632-1677). Filósofo holandés, descendiente de judíos españoles exiliados. Pese a su oficio de pulidor de vidrios, fundó una importante corriente filosófica expresada en su «Tratado sobre la reforma del entendimiento», los «Pensamientos metafísicos» y otras obras, algunas inacabadas.

Benjamín

Origen: hebreo.
Significado: de *ben-hamin*, «hijo de la mano derecha», en el sentido de hijo predilecto.
Variantes: Ben, Benja, Benjamina.
Onomástica: 31 de marzo.

Benjamín, el menor de los doce hijos de Jacob, fue el fundador de la tribu establecida al sur de Palestina. Su territorio llegó a comprender la ciudad de Jerusalén. El nombre se aplica a menudo al más joven de la familia.

Personajes célebres: *San Benjamín* (siglo V), diácono que predicó el Evangelio en Persia y murió martirizado; Benjamín Franklin (1706-1790), científico y estadista estadounidense, luchó por la independencia americana, inventó el pararrayos y firmó el tratado de amistad con Francia; *Benjamín Disraeli* (1804-1881), político británico proveniente de una familia de judíos venecianos, fue ministro en varios gobiernos y obtuvo la coronación de la reina Victoria como emperatriz de la India.

Betsabé

Origen: hebreo.
Significado: de *bat-seba*, «la opulenta» o de bet-sheva, «séptima hija».
Variantes: Bethsabé.
Onomástica: no tiene.

Mujer hebrea de notable belleza, esposa de Urías, oficial del rey David. Atraído por ella, el monarca envió a Urías a una misión peligrosa en la que perdió la vida *(Samuel, 2:11)*. Betsabé fue madre de Salomón y de otros tres hijos de David.

Caleb

Origen: hebreo.
Significado: de *kaleb*, «perro», y también «audaz».
Variantes: no tiene.
Onomástica: no tiene.

Con este nombre registra la Biblia al único de los doce exploradores que alcanzó a entrar en la Tierra Prometida. Su empleo mantiene cierta vigencia en los países anglosajones de cultura protestante.

Cam

Origen: hebreo.
Significado: no se ha establecido.
Variantes: no tiene.
Onomástica: no tiene.

Según el Génesis, nombre del segundo hijo de Noé, de quien se burló al verlo desvanecido en el suelo, bebido y semidesnudo. Esta irreverencia trajo la maldición divina sobre su hijo Canaán. Por él se llama «camitas» a las etnias de raza negra.

Dalila

Origen: hebreo.
Significado: de dalila, «cabello ondu!ado».
Variante: Delilah.
Onomástica: no tiene.

Según la Biblia *(Jueces, 13:16)*, Dalila era una cortesana de Gaza contratada por los filisteos, que sedujo a Sansón para averiguar el origen de su fuerza sobrehumana. El líder hebreo le confesó que esa fuerza residía en su larga cabellera, que ella le cortó mientras dormía.

Daniel/a

Origen: hebreo.
Significado: consagración del nombre *Dan*, «Juez», «Justo», con el sufijo *ël*, uno de los nombres hebreos de Dios.
Variantes: Dan, Danel, Dani, Danilo.
Onomástica: 3 de enero.

Dan fue el nombre de un hijo de Jacob y Raquel, quien lo recibió al nacer exclamando: «¡Dios es justo al darme este hijo!» Esa es la causa de que lo llamaran Daniel, o sea «Justicia de Dios». Durante el exilio en Babilonia,

Daniel mantuvo la fe de los hebreos y admiró al rey Nabucodonosor con sus dotes proféticas y su sabiduría en la interpretación de los sueños. Tiene libro propio en el Antiguo Testamento.

Personajes célebres: *Daniel Defoe* (1660-1731), escritor inglés, autor de la popularísima novela «Robinson Crusoe»; *Niels Bohr* (1895-1962), físico danés, autor de la teoría sobre la estructura del átomo, por la que le otorgaron el Premio Nobel de su especialidad en 1922; *Daniel Baremboim* (1942), pianista y director de orquesta israelí nacido en Buenos Aires, considerado uno de los intérpretes más brillantes de su generación.

David

Origen: hebreo.
Significado: de *dawidh*, «amado».
Variantes: Davi, Davidia, Davina.
Onomástica: 29 de diciembre.

David, segundo rey de Judá, es uno de los personajes más emblemáticos del Antiguo Testamento. Desde su legendaria lucha con el gigante Goliat (*Samuel, 17 y 19:21*) hasta sus amores con Betsabé, representa al adalid poderoso y apasionado. Coronado por el profeta Samuel, conquistó nuevos territorios y nombró heredero a su hijo Salomón.

Personajes célebres: *David Livingstone* (1813-1873), explorador y misionero británico, descubridor del río Zambeze y las cataratas Victoria; *David Ben Gurion* (1886-1974), primer ministro de Israel, que promovió el regreso de la Diáspora y el asentamiento de kibutz socializados; *David Alfaro Siqueiros* (1896-1974), pintor muralista mexicano, autor de magníficos frescos como «Proceso al fascismo» y «Cuauhtémoc contra el mito». Mantuvo una tormentosa relación con la también pintora Frida Kahlo.

Débora

Origen: hebreo.
Significado: de *deborah*, «abeja».
Variantes: Deborah, Debra, Debi.
Onomástica: 21 de septiembre.

Nombre portado por una juez de Israel, autora de un hermoso cántico en honor de Yavé. También por una nodriza de Rebeca, la que sería esposa de Isaac y madre de Esaú y Jacob.

Personajes célebres: *Deborah Kerr*, actriz de cine estadounidense, que descolló en roles dramáticos; *Debby Reynolds* (1932), intérprete de filmes musicales norteamericanos de mediados del siglo XX, como el famoso «Cantando bajo la lluvia» (1952).

Efraín

Origen: hebreo.
Significado: de *ephraim*, «creciente», «fructífero».
Variantes: Efrén, Efraím.
Onomástica: 9 de junio.

Este nombre lo lleva en la Biblia el segundo hijo de José, fundador y patriarca de media tribu de Israel.

Elías

Origen: hebreo.
Significado: del reiterativo *Eli-(i)ha*, «Dios es Yavé».
Variantes: Elía, Eliú, Elia (femenino).
Onomástica: 16 de febrero / 20 de julio.

Profeta hebreo del siglo IX a. C., que predicó para apartar a los judíos del culto idolátrico a Baal y Astarté, introducido por la reina Jezabel. Finalmente ésta ordenó ejecutarlo, junto con su discípulo Nabot.

Personajes célebres: *Elías de Asís* (siglo XIII), compañero inseparable de San Francisco, a la muerte de éste gobernó y extendió la Orden, aunque apartándola de su austeridad original; *Elías Canetti* (1905-1994), escritor austriaco de origen judío búlgaro, autor de «La lengua absuelta» y «La antorcha al oído».

Eliseo

Origen: hebreo.
Significado: de *el-i-shuah*, «Dios es mi fuerza».
Variantes: Eli, Elíseo.
Onomástica: 14 de junio.

Portaba este nombre uno de los profetas de Israel, discípulo y sucesor de Elías, incorporado al santoral cristiano. La variante acentuada *Elíseo* refiere a «divino», «glorioso», como por ejemplo en «Campos elíseos».

Emanuel

Origen: hebreo.
Significado: de *emmanu-el*, «Dios está con nosotros».
Variante: Emmanuel.
Onomástica: 22 de enero.

Nombre acuñado por el profeta Isaías en su libro bíblico *(Isaías, 7:14)*, para designar al Mesías cuya llegada anunciaba.
Personaje célebre: *Immanuel Kant* (1724-1804), filósofo alemán de agudo pensamiento crítico, la influencia de sus ideas fue decisiva para el ulterior desarrollo de la filosofía moderna. Su obra capital es la «Crítica de la razón pura» (1781-1787), entre otros textos de indudable talento y profundidad.

Esaú

Origen: hebreo.
Significado: de *esa*, «piel de cordero».
Variantes: no tiene.
Onomástica: no tiene.

El nombre proviene de uno de los hijos de Isaac, por el aspecto piloso que el niño presentaba al nacer. Considerado mayor que su hermano gemelo Ja-

cob, al regresar hambriento a casa vendió a éste sus derechos de primogenitura a cambio de un plato de lentejas.

Esdras

Origen: hebreo.
Significado: de *ezra*, «Ayuda de Dios».
Variantes: Ezra, Edras.
Onomástica: 13 de julio.

Sacerdote hebreo durante el cautiverio en Persia, encargado ante la corte
de los asuntos de su pueblo. Organizó la comunidad judía y con la ayuda de
Nehemías, gobernador de Judá, emprendió la construcción del segundo
templo de Jerusalén.
Personajes célebres: *Ezra Pound* (1885-1972), poeta y teórico estadounidense de amplia cultura, que ayudó a James Joyce e influyó en poetas
como W. B. Yeats y T. S. Eliot. Simpatizante del fascismo y bebedor empe-
dernido, siguió produciendo hasta su muerte a los 89 años. Entre sus obras
principales se cuentan los «Cantos» y el poemario «Cathay».

Ester

Origen: arameo.
Significado: de la diosa pagana mesopotámica *Ishtar*, también llamada
Astarté.
Variante: Esther.
Onomástica: 24 de mayo / 8 de diciembre.

El Antiguo Testamento incluye el Libro de Ester, dedicado a una joven judía de notable belleza perteneciente a la tribu de Benjamín. Ante las ame-
nazas de los persas Ester sedujo al rey Asuero, que decidió tomarla por esposa y retirar su ejército *(Ester 2:5-20)*.

Eva

Origen: hebreo.
Significado: de *hiyya*, «la que da vida».
Variantes: Eve, Ava, Evita.
Onomástica: 19 de diciembre.

Primera mujer de la humanidad, que según la Biblia fue creada por Dios de la costilla de Adán *(Génesis, 2:20-23)*. Eva fue la instigadora del llamado «pecado original», al ofrecer a Adán el fruto prohibido del árbol de la sabiduría, provocando la expulsión de ambos del Edén. Esta escena fue objeto de numerosas obras de arte, y en las últimas décadas cuestionada por el feminismo por su contenido prejuicioso contra la mujer.
Personajes célebres: *Eva Duarte* (1919-1952) esposa del general Perón conocida por su diminutivo «Evita», lideró el ala más rebelde y socializante del peronismo. Su muerte a los 33 años suscitó un fenómeno de idolatría popular que aún perdura; *Ava Gardner* (1922-1990) actriz de Hollywood de gran atractivo físico, descolló en películas como «Mogambo» o «La condesa descalza».

Ezequiel

Origen: hebreo.
Significado: de *ezeq-i-el*, «Dios da fuerzas».
Variantes: Zaquiel, Ezequías.
Onomástica: 10 de abril.

Ezequiel fue uno de los cuatro profetas mayores de Israel, con un libro propio en el Antiguo Testamento, donde reúne sus famosos oráculos. Desterrado a Babilonia, probablemente murió asesinado. Se lo considera, junto con Jeremías, uno de los inspiradores de la espiritualidad judaica.

Gedeón

Origen: hebreo.
Significado: de *gede-hon*, «destructor», o quizás de *gid'on*, «bravucón».
Variantes: no tiene.
Onomástica: 1 de septiembre.

Gedeón fue un juez de Israel que en el siglo IX a. C. reunió a las tribus del centro y el norte de Palestina, para enfrentar a los nómadas árabes medianitas. Pese a aniquilar a los invasores, no consiguió su propósito de mantener la alianza tribal y constituir un Estado.

Isaac

Origen: hebreo.
Significado: del deseo materno *yz'hak*, «que se ría», que como nombre toma la forma de *Itzhak*, «Joven alegre».
Variantes: Isac, Isaco, Itzhak.
Onomástica: 17 de marzo.

Personajes célebres: *Isaac Newton* (1642-1727), científico inglés que sentó los fundamentos de la física y la mecánica por medio de las tres leyes del movimiento y su famosa «Ley de gravitación universal»; *Isaac Albéniz* (1860-1909), pianista y compositor catalán, autor de la «Rapsodia española» y de la suite «Iberia»; *Isaac Asimov* (1920-1992), prolífico escritor norteamericano, creador de obras de divulgación científica como «El universo» y de ciencia ficción, como «Yo robot» o «Fundación»; *Itzhak Rabin* (1922-1995), político y militar israelí, comandante en jefe en la Guerra de los Seis Días. Líder del partido laborista, presidió el Gobierno en dos ocasiones y ocupó diversos ministerios. Premio Nobel de la Paz en 1994 (compartido con Simon Peres y Arafat), fue asesinado un año después por un extremista.

Isaías

Origen: hebreo.
Significado: de *isa-iah*, «Dios fortalece», o también de *ishua-i-ha*, «Dios es salvación».
Variantes: Isaí.
Onomástica: 16 de julio.

Considerado uno de los profetas con mayor aliento poético, Isaías (siglos VI-V a. C.) predicó a favor del bien, criticando con fina ironía la tendencia de su pueblo a mantener costumbres paganas. Sus oráculos están contenidos en la primera parte de su Libro bíblico *(Isaías, caps. 1 a 39)*; a la que se suman otros 15 capítulos escritos por sus émulos y discípulos.

Ismael

Origen: hebreo.
Significado: de *ichma-El*, «Dios escucha».
Variantes: no tiene.
Onomástica: 17 de junio.

Hijo de Abraham con su esclava Agar, que fue repudiada por el patriarca y vagó con el niño por el desierto hasta que un ángel los guió hacia un oasis. Los descendientes de Ismael formaron el pueblo ismaelita, origen bíblico de los árabes y de la religión musulmana. El propio Mahoma declaró siglos más tarde que él provenía de la estirpe «agarena» o de Agar.

Israel

Origen: hebreo.
Significado: de *ezri-El*, «fuerza de Dios».
Variantes: no tiene.
Onomástica: 13 de septiembre.

Sobrenombre concedido por Yavé a Jacob, después de que éste luchara toda una noche con un ángel. Más tarde todo el territorio hebreo tomó el nombre de Israel, que también reivindicó el nuevo Estado judío fundado en 1949.

Jacob

(*Véase* Santiago)
Patriarca de Israel, hijo de Isaac y Rebeca, cedió la primogenitura a su hermano Esaú a cambio de un plato de lentejas. Tras luchar toda una noche con un ángel del Señor, éste le dio el nombre de Israel, que significa «fuerza de Dios». Jacob tuvo 12 hijos, que según la tradición fundaron las Doce Tribus de Israel.

Jafet

Origen: hebreo.
Significado: de *jafet-pat'a*, «Dios le conceda buen lugar».
Variantes: no tiene.
Onomástica: no tiene.

Hijo menor de Noé, que obtuvo la bendición paterna por su conducta honesta y respetuosa. Según la Biblia, Jafet fue el padre de los pueblos europeos o «jaféticos».

Jeremías

Origen: hebreo.
Significado: de *jerem-iah*, «Dios es Dios», o simplemente «Dios».
Variante: Jeremy.
Onomástica: 16 de febrero.

Uno de los profetas mayores del Antiguo Testamento, predicó en el siglo VII a. C., en tiempos de los últimos reyes de Judá. Presenció la toma de Jerusalén, y consiguió refugiarse en Egipto. El Libro de Jeremías incluye una serie de doloridas lamentaciones, que dieron lugar a las expresiones «jeremiada» y «jeremiquear».

Personajes célebres: *Jeremy Bentham* (1748-1832), filósofo y jurista inglés, fundador del utilitarismo e impulsor del constitucionalismo en la Europa del siglo XIX; *Jerry Lewis* (1926); popular actor cómico norteamericano, renovador del género con filmes como «El profesor chiflado» y «El rey de la comedia»; *Jeremy Irons* (1948), actor de cine británico, protagonista de «La mujer del teniente francés» y «El misterio Von Bulow», entre otras películas de éxito.

Jezabel

Origen: hebreo.
Significado: de *Iza-baal*, variante arcaica de Isabel, en honor del dios pagano Baal.
Variantes: Izabel.
Onomástica: no tiene.

Jezabel fue reina de Israel en el siglo IX a. C. por su matrimonio con el rey Ajab. Impuso el culto a Baal y Astarté, condenando a muerte a los que predicaban en contra de esta herejía, entre ellos el profeta Elías. Es, junto con Dalila, una de las escasas mujeres malvadas que registra el Antiguo Testamento.

Joab

Origen: hebreo.
Significado: del iterativo *jo-ah*, «Dios es mi Dios».
Variante: Job.
Onomástica: no tiene.

Joab era un sobrino de David y general de sus ejércitos. Reprimió la rebelión de Absalón, al que dio muerte contrariando las órdenes del rey. David no le perdonó el asesinato de su hijo y ordenó a Salomón que matara a Joab.

Job

Origen: hebreo.
Significado: contracción del anterior, *Joab*.
Variantes: no tiene.
Onomástica: 10 de mayo.

Job es el protagonista de uno de los Libros sapienciales de la Biblia, compuesto en el siglo V a. C. por uno o más autores anónimos. El personaje es presentado como un hombre cuya paciencia y sumisión son puestas a prueba por Dios. No hay datos sobre si Job y sus peripecias fueron reales, o se trata de una ficción para ilustrar las virtudes de la obediencia y la resignación.

Joel

Origen: hebreo.
Significado: del iterativo *yo'El*, «Dios es Dios».
Variantes: Yoel, Joeli.
Onomástica: 13 de julio.

Nombre de uno de los doce profetas menores del Antiguo Testamento, que anunció el Juicio Final. Predijo también que, en tiempos mesiánicos, el Espíritu Santo haría una efusión de generosidad y alegría sobre Israel.
Personajes célebres: *Joel Grey* (1932), actor, cantante y bailarín estadounidense, alcanzó gran éxito en el papel del presentador en la película «Cabaret» (1972), que le valió el Oscar al mejor intérprete secundario.

Jonás

Origen: hebreo.
Significado: de *yonah*, «paloma».
Variante: Jonah.
Onomástica: 21 de septiembre.

Uno de los personajes bíblico más populares, por su estancia durante tres días y tres noches en el vientre de una ballena. Profeta menor de la tribu de

Zabulón, Jonás vivió y predicó en el siglo VIII a. C., llevando el monoteísmo hebreo a Nínive, por entonces capital de Asiria.

Jonatán

Origen: hebreo.
Significado: de *jo-nathan*, «Dios nos da».
Variantes: Jonathan.
Onomástica: no tiene.

Jonatán era uno de los hijos del rey Saúl y amigo íntimo de David, cuya muerte lloró diciendo: «su amistad era más maravillosa que el amor de las mujeres.»
Personajes célebres: *Jonathan Swift* (1667-1745), escritor irlandés, autor de la célebre obra «Los viajes de Gulliver», ácida sátira a la sociedad británica y al mundo civilizado, que aún hoy se sigue publicando con frecuencia y leyendo con admiración.

Josué

Origen: hebreo.
Significado: de *Eho-shua*, «Dios es salud».
Variantes: Josías, Joshua.
Onomástica: 1 de septiembre.

Líder hebreo que tomó el mando tras la muerte de Moisés, derrotó a los cananeos y repartió sus tierras entre las distintas tribus de Israel. La anécdota de que derribó con el clamor de sus trompetas los muros de Jericó, se considera hoy una ficción simbólica del desconocido autor del Libro de Josué.
Personajes célebres: *Joshua Reynolds* (1723-1792), pintor inglés, innovador de la técnica del retrato. Muy admirado en su época, sir Joshua retrataba a personajes de la aristocracia, la política o el arte, con leves pinceladas de suave colorido y paisajes de fondo que resaltaban la elegancia de sus figuras.

Judit

Origen: hebreo.
Significado: de *judith*, «de Judá», «judía».
Variantes: Judith, Judi, Jehudi (masculino).
Onomástica: 17 de septiembre.

Nombre frecuente en varias lenguas, tomado de la heroína judía Judith. Según narra el Libro que lleva su nombre, sedujo al general babilónico Holofernes y le cortó la cabeza, lo que desconcertó a sus tropas que asediaban Betania.
Personajes célebres: *Yehudi Menuhin* (1916-2001), violinista y director de orquesta estadounidense de origen ruso, considerado uno de los mayores virtuosos del siglo XX por su perfección y sensibilidad musical; *Judy Garland* (1922-1969), actriz y cantante estadounidense, protagonista de filmes musicales como «El mago de Oz» o «El pirata» y madre de la actriz Liza Minelli.

Lía

Origen: hebreo.
Significado: de *le'a*, «lánguida», o también «ternera del monte».
Variantes: Lea, Leah.
Onomástica: 22 de marzo (Lea).

Hija mayor de Labán, a la que Jacob tomó por esposa por exigencia de su suegro, para permitirle casarse también con su hija menor, Raquel. Lía le dio seis hijos, Raquel dos, y otros tantos sendas concubinas. En total doce, que según una tradición fueron los fundadores de las doce tribus de Israel.
Personajes célebres: *Lea Massari* (1934), actriz italiana, protagonista de varias películas de autor, como «La aventura», de Antonioni (1960) y «Un soplo al corazón», de Louis Malle (1971).

Manases

Origen: hebreo.
Significado: de *nasá*, «olvidar», en el sentido de olvidar los males sufridos.
Variantes: Manasés, Manasio.
Onomástica: 11 de junio.

Manases fue uno de los hijos de José, jefe de una media tribu de Israel que desapareció en tiempos de Salomón.
Personajes célebres: *Manases* (siglo VII a. C.), décimotercer rey de Judea, hijo y sucesor de Ezequías. Vasallo de Asiria, aceptó y promovió los cultos paganos, persiguiendo a los profetas de su tiempo.

Manuel/a

Origen: hebreo.
Significado: abreviación de Emanuel, «Dios está con nosotros».
Variantes: Manoel, Manel, Imanol, Manolo/a.
Onomástica: 22 de enero (Emanuel).

Esta aféresis del nombre del profeta bíblico ha ganado entidad propia y se utiliza con profusión en diversos países, especialmente en España e Hispanoamérica. Lo ostentaron varios emperadores de Bizancio y el último rey de Portugal, Manuel II. La variante familiar Manolo/a es casi inevitable en el trato informal.
Personajes célebres: *Manuel de Godoy* (1767-1851), político español nacido en Badajoz, amante de la reina María Luisa, que como primer ministro afrontó las guerras con Francia e Inglaterra; *Manuel de Falla* (1876-1946), compositor andaluz, autor de «El amor brujo» y «El sombrero de tres picos»; *Manuel Fraga Iribarne* (1922), político español, figura destacada del régimen franquista, al llegar la democracia funda la Alianza Popular, que en 1989 toma el nombre de Partido Popular. Retirado de la política estatal, Fraga es desde 1990 presidente de la Xunta de Galicia.

Miriam

Origen: arameo y hebreo.
Significado: forma antigua de María (*véase* Nombres evangélicos).
Variantes: Míriam, Miryam, Mirian.
Onomástica: 15 de agosto.

Es el nombre original de María en arameo y hebreo, que se difundió en el cristianismo a partir de la extensión del culto mariano.

Moisés

Origen: egipcio.
Significado: de *mesu*, «hijo» o «niño» (más probable que el hebreo moshèh, «salvado de las aguas»).
Variantes: Moses, Moshé.
Onomástica: 4 de septiembre.
Quizá la figura más importante del Antiguo Testamento, Moisés era un noble de la corte del faraón que abrazó la religión judía. Guió a los hebreos a la Tierra Prometida, recibió las tablas de la Ley, y consolidó la entidad religiosa y moral del judaísmo.
Personajes célebres: *Moshé Dayan* (1915-1981), militar y político israelí, participó en la guerrilla sionista Haganá y en la invasión de Siria por los aliados. Como ministro de Defensa condujo la exitosa Guerra de los Seis Días y en 1977 integró el gobierno de Menahem Begin, al que renunció por sus discrepancias sobre la cuestión palestina.

Nehemías

Origen: hebreo.
Significado: de *nehem-iah*, «Dios consuela».
Variante: Naúm.
Onomástica: no tiene.

Personaje del Antiguo Testamento, que junto a Esdras restauró Jerusalén después del exilio. Reconstruyó las murallas y estableció nuevamente las normas de la religión judía. Esta obra de recuperación de la ciudad y su identidad se narra en el Libro de Nehemías, las Crónicas, y el Libro de Esdras.

Noé

Origen: hebreo.
Significado: de *noha*, «longevo».
Variantes: Noha, Noela *(fem.)*.
Onomástica: 10 de noviembre.

Patriarca bíblico que Dios escogió como el «hombre justo» para salvarlo del Diluvio Universal *(Génesis, caps. 6 a 9)*. Siguiendo órdenes divinas, Noé construyó su famosa arca y embarcó en ella a su familia y una pareja de todo ser viviente, hasta que bajaron las aguas. La tradición popular atribuye a Noé y sus tres hijos la refundación de la especie humana.

Noemí

Origen: hebreo.
Significado: de *no'omi*, «mi delicia».
Variantes: Noemí, Nohemí, Noemia.
Onomástica: 4 de junio.

Personaje bíblico, ancestro de la estirpe davídica. Esposa de Abimelec, al morir éste Noemí regresó desde Moab a Belén de Judá, con su nuera Ruth, también viuda. Ruth fue a trabajar en las posesiones de Booz, que la tomó por esposa *(Ruth, 1:4)*. Un hijo de este matrimonio sería abuelo del futuro rey David.

Palmira

Origen: arameo.
Significado: del nombre de una ciudad del desierto sirio.
Variantes: Palma, Palmiro.

Onomástica: el domingo de Ramos.

Palmira, que los hebreos llamaban *Tadmor* (oasis de palmeras), fue fortifi-
cada por el rey Salomón para contener las invasiones de los sirios y persas.
Personajes célebres: *Palmiro Togliatti* (1893-1964), político italiano,
fundador del Partido Comunista en 1921. Durante la guerra civil española
actuó como comisario político enviado por el *komintern*, y en 1944 formó
parte en Italia del Gobierno de Unión Nacional, presidido por el general
Badoglio.

Raquel

Origen: hebreo.
Significado: de *rahel*, «cordera».
Variantes: Rachel, Rachele.
Onomástica: 2 de septiembre.

Hija menor de Labán cuya belleza encandiló a Jacob, que tuvo que casarse
con la hermana mayor, Lía, y trabajar siete años para su suegro antes de poder concretar la ansiada boda. Raquel fue madre de José y Benjamín, y su
tumba se venera cerca de Belén.
Personajes célebres: *Raquel* (siglos XII-XIII), joven judía toledana que se
hizo amante de Alfonso VIII de Castilla y fue asesinada en una rebelión popular, dando lugar al drama «La judía de Toledo»; *Elisabeth Rachel*
(1821-1858), actriz de la Comedia Francesa que contribuyó al renacimiento de la tradición neoclásica, interpretando obras de Racine y Corneille.

Rebeca

Origen: hebreo.
Significado: de *rivké*, «lazo».
Variantes: Rebecca, Rebekah.
Onomástica: 25 de marzo.

Esposa de Isaac, madre de Esaú y Jacob. Cuando el patriarca ya estaba ciego por la vejez, Rebeca ayudó a Jacob a engañarlo para recibir la bendición

paterna que correspondía a Esaú. Fue enterrada en la gruta de Makpelá, en Hebrón.

Es también el título y el nombre de la protagonista de *Rebeca* (1940), famoso filme de Alfred Hitchock. Su popularidad fue tan grande en España, que el nombre pasó a ser sinónimo del chaleco de punto abotonado y con mangas que viste Joan Fontaine en la película.

Rubén

Origen: hebreo.
Significado: de *ri-bal*, «león» o «lobo».
Variantes: Ruben, Rubón.
Onomástica: 4 de agosto.
Hijo mayor de Jacob y Lía, fundador de una las doce tribus de su nombre. Según la tradición popular, Lía exclamó al darlo a luz: *¡Raá beonyí!* (Él ha visto mi pena) refiriéndose a Yavé. Y de esa frase podría provenir el nombre de su hijo.
Personajes célebres: *Rubén Darío* (1867-1916), poeta nicaragüense, precursor de la poesía modernista, al que sus admiradores apodaron el divino Rubén. Entre su obras más destacadas se cuentan «Azul», «Pross profanas» y «Cantos de vida y esperanza».

Rut

Origen: hebreo.
Significado: de *re'ut*, «amistad» o también «hermosura».
Variantes: Ruth, Ruti.
Onomástica: 4 de junio.

Mujer moabita muy humilde, que huyó de su tierra para no pasar hambre. En Judá trabajó como espigadora en los campos del acaudalado Booz, que la tomó por esposa. Uno de sus hijos fue abuelo del rey David. *El Libro de Rut* (aprox. 450 a. C.), incluido en la Biblia, narra estos hechos desde una corriente liberal, frente a la xenofobia intolerante que imperaba en la época entre los hebreos.

Salomón

Origen: hebreo.
Significado: de *shelmon*, «pacífico» (a su vez derivado de shalom, «paz»).
Variantes: Solomon; Shlomo, Suleimán (árabe).
Onomástica: 13 de marzo.

Quizá el personaje bíblico de más renombre universal, hijo de David y Betsabé, ocupó el trono en el momento de mayor esplendor de Israel (970-931 a. C.). Amplió las fronteras incorporando otros pueblos al reino, que abrió al comercio internacional y a la explotación del Mar Rojo y el Mediterráneo. Considerado tan justo como sabio, son famosas sus anécdotas sobre las dos mujeres que disputaban por la maternidad de un niño, o sobre su relación con la reina de Saba. Hizo levantar el gran templo de Jerusalén y otras ostentosas construcciones que agotaron las arcas del reino. Su figura ha sido adoptada por el esoterismo, que le atribuye un testamento ocultista y supone virtudes mágicas a su famoso sello (dos triángulos inversos y entrecruzados). Ese signo salomónico preside actualmente la bandera del Estado de Israel.
Personajes célebres: *Salomón ben Berga* (siglo XV); historiador y médico hispanojudío, autor de «La vara de Judá», que tuvo que emigrar a Portugal cuando la expulsión de su pueblo en 1492; *Erich Salomon* (1886-1944), fotógrafo alemán, renovador del periodismo gráfico; *Ernst von Salomon* (1902-1972); escritor alemán adepto al nazismo, encarcelado en 1922 por su colaboración en un crimen político; *Shlomo Ben Ami* (1942), político y diplomático israelí, primer embajador de su país en España (1987-1991) y más tarde ministro de Exteriores, cargo al que renunció por discrepancias sobre la cuestión palestina.

Samuel

Origen: hebreo.
Significado: de *samu'el*, probablemente «Dios escucha».
Variantes: Samel, Sami, Sam.
Onomástica: 16 de febrero.

Profeta bíblico del siglo X a. C., artífice de la unidad de los hebreos después del Éxodo. Sucesor de su maestro el sumo sacerdote Elí, ungió como primer rey de Israel a Saúl, y cuando éste cayó en desgracia ante Yavé, consagró la coronación de David. En su faceta religiosa Samuel abogó contra las manifestaciones exteriores del culto, y a favor de una fe más personal e íntima.

Personajes célebres: *Samuel ha-Leví* (siglo XIV), político castellano de religión judía, al que Pedro el cruel nombró camarero mayor del reino en 1350; *Samuel Goldwin* (1882-1974), emigrante polaco, que en 1924 fundó en Hollywood la conocida productora Metro Goldwin Mayer; *Samuel Bronston* (1909-1994), productor cinematográfico que instaló unos estudios en España, donde rodó «El Cid» (1961) y otros filmes de gran espectáculo; *Samuel Beckett* (1906-1989), literato y dramaturgo irlandés, renovador del lenguaje narrativo y fundador del teatro del absurdo con su famosa obra «Esperando a Godot» (1952). Es también autor de las novelas «Molloy» y «Malone muere».

Sansón

Origen: hebreo.
Significado: de *samen*, «el fuerte».
Variantes: Samsón, Sampson.
Onomástica: 28 de julio.

Último juez de Israel, de asombrosa fuerza física, héroe de los enfrentamientos del siglo XII a. C. con los filisteos. Según el Antiguo Testamento *(Jueces, caps. 13-16)*, ese poderío residía en su larga cabellera, que su amante filistea Dalila logró cortarle mientras dormía. Sus enemigos le sacaron los ojos y lo llevaron al templo para burlarse de él, pero de pronto recuperó las fuerzas y derribó con sus brazos las enormes columnas. El Templo se derrumbó, aplastando a Sansón y a 3.000 filisteos.

Sara

Origen: hebreo.
Significado: de *saray*, «protestona», que Yavé cambió a *sarah*, «princesa».
Variante: Sarah.
Onomástica: 9 de octubre.

Esposa de Abraham, al que no podía darle hijos. Le entregó entonces a su esclava Agar, que concibió a Ismael, considerado el precursor del Islam. Sara recibió la visita de tres ángeles, que le anunciaron el nacimiento de un hijo de su propio vientre, que sería el patriarca Isaac.
Personajes célebres: *Sara la goda* (siglo VIII), noble doncella visigoda, que tras la muerte de su padre fue despojada y desterrada por su tío Ardabasto, pero consiguió que el califa Hisam al Malik ordenara restituirle sus bienes; *Sarah Bernhardt* (1844-1923); actriz francesa, considerada la mejor intérprete de su tiempo, expandió su fama con extensas giras internacionales, incluyendo un triunfal recorrido por América; *Sarita Montiel* (1929), actriz y cantante española que alcanzó gran popularidad con filmes como «La violetera» y «El último cuplé».

Saúl

Origen: hebreo.
Significado: de *sa'ul*, «el deseado».
Variantes: Saulo.
Onomástica: no tiene.

Primer rey de Israel en el siglo XI a. C., fue ungido por el patriarca Samuel y combatió con éxito contra los ammonitas y filisteos. Sus celos por la popularidad del joven David lo llevaron a cometer excesos y arbitrariedades, que lo desprestigiaron ante el pueblo. Finalmente el propio Samuel lo quitó del trono, coronando en su lugar a David.

Sem

Origen: hebreo.
Significado: de *sem*, «notable».
Variantes: no tiene.
Onomástica: no tiene.

Hijo primogénito de Noé, al que se atribuye la paternidad de las etnias se-mitas.
Personajes célebres: *Sem Tob ben Ishaq* (siglo XIV), escritor judeoespa-ñol, autor de los «Proverbios morales».

Susana

Origen: hebreo.
Significado: de *susan*, «lirio».
Variantes: Susanna, Susan, Susy.
Onomástica: 24 de mayo.

Doncella hebrea que rechazó las proposiciones deshonestas de dos jueces de la Ley. Acusada por éstos de ofrecerse a ellos, fue condenada a muerte. Pero el profeta Daniel salió en su defensa y convenció al tribunal de su ino-cencia *(Daniel 13:1-14)*.
Personajes célebres: *Susan Sontag* (1933), ensayista y novelista esta-dounidense, escribió obras de agudo sentido crítico, como «La enfermedad y sus metáforas» o «Bajo el signo de Saturno»; *Susana Rinaldi* (1939), cantante argentina, que recuperó para el tango la tradición de las voces fe-meninas.

Tamar

Origen: hebreo.
Significado: de *tamar*, «palmera».
Variantes: Tamara, Tammy.
Onomástica: 2 de mayo / 15 de octubre.

Mujer cananea que se casó sucesivamente con dos hermanos, Er y Onán, sin conseguir descendencia. Deseosa de tener hijos, sedujo a su suegro, Judá, disfrazada de ramera *(Génesis, 38)*.

Personajes célebres: *Tamar*, personaje bíblico, hija del rey David que fue violada por su hermano primogénito Amnón. Éste la avergonzó acusándola de haberlo seducido, y la hizo condenar al destierro *(Samuel, 13:1-18)*.

Tobías

Origen: hebreo.
Significado: de *tob-i-ah*, «Dios es bueno».
Variantes: Tobit, Tobie.
Onomástica: 2 de noviembre.

Según el Libro homónimo del Antiguo Testamento, Tobías era un hombre rico de la tribu de Neftalí, benefactor del pueblo hebreo. Al quedar ciego, su hijo Tobit le devolvió la vista siguiendo las indicaciones de un tal Azarías, que era en realidad el Arcángel Rafael.

Zacarías

Origen: hebreo.
Significado: de *zahkar-iah*, «Dios se acuerda».
Variantes: no tiene.
Onomástica: 5 de noviembre.

Es el nombre del undécimo profeta menor del Antiguo Testamento, con libro en la Biblia. En éste trata de la reconstrucción del templo y anuncia la llegada de un Mesías humilde, en contra de la tradición que esperaba un profeta poderoso y guerrero. También se atribuye este nombre al esposo de Isabel y padre de Juan el Bautista.

Nuevo Testamento

Adoración

Origen: latín.
Significado: de *ad*, «respecto a...» y *oro*, «oración en voz alta».
Variantes: no tiene.
Onomástica: 6 de enero.

Nombre que recuerda la festividad de la Epifanía o Adoración de los Reyes en el pesebre de Belén.

Ana

Origen: hebreo.
Significado: de *hanna*, «compasión», a su vez derivado de hananya, «Dios perdona».
Variantes: Anna, Anabel, Anaïs, Anita, Nina.
Onomástica: 26 de julio.

Según la tradición, nombre de la esposa de san Joaquín y madre de la Virgen María, cuyo culto cristiano se consagró en el siglo VIII.
Personajes célebres: *Ana Bolena o Boleyn* (1507-1536), reina de Inglaterra por su matrimonio con Enrique VIII, quien la hizo ejecutar acusándola de adulterio; *Ana de Austria* (1601-1666); princesa española que fue reina de Francia por su matrimonio con Luis XIII; *Ana Belén* (1951); actriz y cantante española.

Andrés

Origen: griego.
Significado: de *andrós*, «masculino», «viril».
Variantes: Andrea, Andros.
Onomástica: 30 de noviembre.

San Andrés, hermano de san Pedro y discípulo de san Juan Bautista, fue uno de los primeros apóstoles de Jesús. Según la tradición fue crucificado en una cruz con forma de X. Es el patrón de Escocia (Saint Andrew).
Personajes célebres: *Andrés de Anjou* (1327-1345), rey de Sicilia, cuyo asesinato por su primo Luis de Anjou provocó la invasión de la isla por su hermano Luis el Grande, rey de Hungría; *Andrea Doria* (1466-1560), marino y militar genovés que actúo como condotiero y finalmente estableció un gobierno oligárquico estable en su ciudad natal; *André Breton* (1896-1966), poeta francés, fundador del surrealismo, autor de la novela «Nadja» y el poemario «Los vasos comunicantes».

Baltasar

Origen: asirio.
Significado: de *beltas-assar*, «que Baal proteja al rey».
Variantes: Baldasar, Baltazar.
Onomástica: 6 de enero.

Uno de los tres reyes de Oriente que honraron el nacimiento de Jesús. La tradición popular lo representa como un hombre de piel oscura, quizá con la intención de que junto a los otros dos simbolicen a toda la humanidad.
Personajes célebres: Baltasar o *Bel-sar-Usur* (siglo VI a. C.), príncipe regente de Babilonia, primogénito del rey Nabonides, resultó muerto en la toma de la ciudad por las hordas de Kubaru; *Baltasar Garzón* (1956), juez español de renombre internacional por procesar a dictadores sudamericanos, entre otras actuaciones de gran trascendencia.

Barrabás

Origen: arameo.
Significado: de *bar-abba*, «hijo del padre».
Variantes: no tiene.
Onomástica: no tiene.

Llevaba este nombre el delincuente que, a pedido del pueblo, fue liberado por Poncio Pilatos en lugar de Jesucristo.

Bautista

Origen: griego.
Significado: de *baptiste*, «bautizador», «el que bautiza».
Variantes: Baptista, Batista.
Onomástica: 2 de junio.

Referencia al sobrenombre de san Juan, líder de una secta hebrea vinculada a los esenios. Anunció la llegada del Mesías y bautizó a Jesús en las aguas del río Jordán, por lo que se lo considera el primer profeta del cristianismo.
Personajes célebres: *Juan Bautista de la Salle* (1651-1719), sacerdote y pedagogo francés, fundador de las Escuelas Cristianas para la educación de los niños pobres. Canonizado en 1900 con fiesta el 7 de abril, es patrón de los maestros y educadores.

Belén

Origen: hebreo.
Significado: de *bet-lehem*, «horno de pan».
Variante: Betlem.
Onomástica: 25 de diciembre.

Poblado de Judea donde se detuvieron José y María, para que ésta alumbrara a Jesús en un pesebre. Como nombre femenino de devoción cristiana honra el nacimiento del Redentor.
Personajes célebres: *Ana Belén* (1950), actriz y cantante española que alcanzó gran popularidad con películas como «Demonios en el jardín» o «La pasión turca».

Bernabé

Origen: hebreo.
Significado: sobrenombre que refiere a «profeta».
Variantes: Bernat, Bernal.

Onomástica: 11 de junio.

Bernabé fue el sobrenombre que pusieron los apóstoles a su compañero José de Chipre. Éste fue el introductor de Paulo de Tarso, al que acompañó en parte de su periplo evangelizador en tierras gentiles. Abandonó esta misión para regresar a Chipre y es destinatario de una de las «Epístolas» de su maestro.

Dimas

Origen: latín.
Significado: quizás de *diomaster*, «el que busca a Dios».
Variantes: Dismas, Dimsas.
Onomástica: 24 de marzo.

Nombre de uno de los dos delincuentes crucificados en el Calvario junto a Jesucristo. La tradición popular lo denomina «el buen ladrón», por haberse arrepentido y convertido antes de morir.

Encarnación

Origen: latín.
Significado: de *incarnare*, «encarnar».
Variante: Encarna.
Onomástica: 25 de marzo.

Nombre femenino que refiere al misterio de la Encarnación de Nuestro Señor Jesucristo, por el cual «El Verbo se hizo carne». El alcance de esta transfiguración fue uno de los temas más debatidos en la Iglesia primitiva y dio lugar a varias sectas secesionistas que rechazaban las versiones canónicas de la Encarnación y de su vinculación con la Santísima Trinidad.

Epifanio/a

Origen: griego.
Significado: de *epi*, «sobre» y *phainen*, «mostrarse», «brillar».
Variantes: no tiene.
Onomástica: 6 de enero / 7 de abril.

En la mitología griega era uno de los sobrenombres de Zeus, adoptado por el cristianismo romano en alusión a la Epifanía, o manifestación del Niño Jesús a los magos de Oriente.

Evangelino/a

Origen: griego.
Significado: de *eu-aggelos*, «buena nueva».
Variantes: Evangelista.
Onomástica: 27 de diciembre.

El nombre refiere al Evangelio, o la buena nueva de la llegada del verdadero Mesías y su Doctrina.

Evangelista

Origen: griego.
Significado: igual al de Evangelino/a.
Variantes: no tiene.
Onomástica: 27 de diciembre.

Empleado para abreviar el nombre de san Juan Evangelista.

Felipe/a

Origen: griego.
Significado: de *philos-hippos*, «amigo de los caballos».

Variantes: no tiene.
Onomástica: 3 de mayo / 26 de mayo (San Felipe Neri).

Discípulo de Jesús, al que se atribuyen dos evangelios apócrifos. Predicó el Evangelio en el Asia Menor y probablemente murió crucificado en Hierápolis.
Personajes célebres: *Felipe I el Hermoso* (1478-1506), rey de los Países Bajos y luego de Castilla, por su matrimonio con Juana la Loca; *san Felipe Neri* (1515-1595), sacerdote italiano, fundador de la Congregación del Oratorio, fue canonizado en 1622; *Felipe II* (1527-1598), rey de España en su época de mayor esplendor, venció a los turcos en Lepanto pero fracasó frente a Inglaterra con la derrota de la «Armada invencible»; *Felipe González Márquez* (1942), político socialista español, presidente del Gobierno entre 1982 y 1996; *Felipe de Borbón y Grecia* (1968), príncipe de Asturias y heredero del trono de España, como hijo primogénito del rey Juan Carlos I.

Gaspar

Origen: persa.
Significado: de *kansbar*, «encargado del tesoro».
Variantes: Kaspar, Jasper.
Onomástica: 6 de enero.

Nombre atribuido por la tradición popular a uno de los tres magos de Oriente, que honraron al Niño Jesús con ofrendas de mirra, incienso y oro.
Personajes célebres: *Kaspar Hauser* (1812?-1833), joven encontrado en estado salvaje, presunto hijo del gran duque Carlos de Baden, su figura fue tratada por la literatura y el cine; *Karl Jaspers* (1883-1969), filósofo y psiquiatra alemán, precursor del existencialismo, entre sus obras cabe citar «Razón y existencia» y «La fe filosófica».

Jesús

Origen: hebreo.
Significado: de *Jeho-shua*, «Dios nos cura».
Variantes: Josué, Josías.
Onomástica: 1 de enero.

Profeta bíblico fundador del Cristianismo, proclamado por sus seguidores como el Mesías. Los cristianos lo adoran como hijo de Dios, dentro del misterio de la Santísima Trinidad. Su vida y su obra han quedado registradas en los cuatro Evangelios canónicos (Mateo, Marcos, Lucas y Juan), y es una de las figuras más relevantes en la historia de la humanidad, hito de la llamada civilización Occidental.

Personajes célebres: *Jesús ben Sirac* (siglo III a. C.), sacerdote y diplomático hebreo, al que se atribuye el libro bíblico «Eclesiástico» y diversos acuerdos con pueblos vecinos; *sor Ana de Jesús* (1545-1621), religiosa española, discípula de santa Teresa *(véase* nombres del Santoral*)*, fundó numerosos conventos teresianos dentro y fuera de España.

Joaquín/a

Origen: hebreo.
Significado: de *Yeho-yaqim*, «Dios construirá».
Variante: Joaquim.
Onomástica: 26 de julio.

Esposo de santa Ana y padre de la Virgen María, la Biblia no registra datos de su vida.

Personajes célebres: *Joaquín* (siglo VII a. C.), 18º rey de Judá, que tras la derrota egipcia quedó sometido a Babilonia. Murió en el sitio de Jerusalén por parte de Nabucodonosor; *Gioacchino Rossini* (1792-1868), compositor italiano, alcanzó gran celebridad por sus óperas, como «El turco en Italia», «La cenicienta», y en especial «El barbero de Sevilla».

Jordán/a

Origen: hebreo.
Significado: de *yordan*, «que baja».
Variantes: Jordan, Yordan, Yordana.
Onomástica: 13 de febrero.

Nombre de veneración cristiana, que alude al río en cuyas aguas san Juan ofició el bautismo de Jesús.

Personajes célebres: *Giordano Bruno* (1548-1600), filósofo y sacerdote italiano, excomulgado por su teoría de un universo no egocéntrico, murió en la hoguera condenado por el Santo Oficio.

José

Origen: hebreo.
Significado: de *yosef*, «que Dios aumente mi prole».
Variantes: Josefo, Josefa, Josefina, Pepe/a (fam.).
Onomástica: 19 de marzo.

Nombre muy extendido a partir de la figura de san José, esposo de María y padre putativo de Jesús, cuyo culto es uno de los más populares en el catolicismo.

Personajes célebres: *José de San Martín* (1778-1850) general argentino, héroe de la independencia de su país, Chile y Perú; *José Martí* (1853-1895); escritor, poeta y político cubano, autor de «Vindicación de Cuba» y «Versos sencillos»; *José Ortega y Gasset* (1883-1955), filósofo español, fundador de la influyente «Revista de Occidente», autor de «España invertebrada» y la famosa «La rebelión de las masas».

Juan/a

Origen: hebreo.
Significado: de *Johannan*, «Dios se ha apiadado».
Variantes: Iván.
Onomástica: 24 de junio / 30 de mayo (Juana de Arco).

Nombre muy antiguo y extendido, presente en numerosas lenguas con diversas variantes (John, Johannes, Joan, Jean, Jeanne, Jan, Iván, Sean, etc.). Su advocación cristiana refiere generalmente a san Juan Evangelista.

Personajes célebres: *santa Juana de Arco* (1412-1431), heroína francesa, conocida como La doncella de Orleáns, encabezó la exitosa contraofensiva contra los invasores ingleses y murió quemada en la hoguera; *Juan XXIII* (1881-1963), religioso italiano, elegido pontífice en 1958, convocó el Concilio Vaticano II, según el espíritu progresista de sus encíclicas «Mater et Magistra» y «Pacem in Terris»; *Joan Miró* (1893-1983), pintor catalán de fama internacional, consagrado entre los artistas más insignes del siglo XX; *Juan Carlos I* (1938), rey de España, hijo de don Juan de Borbón, ejerce la monarquía parlamentaria consagrada por la Constitución democrática de 1978.

Lázaro

Origen: hebreo.
Significado: de *El-azar*, «Dios ha ayudado».
Variantes: Eleazar, Eleázaro.
Onomástica: 17 de diciembre.

Personaje bíblico, hermano de Marta y María de Betania, al que Jesús resucitó después de muerto en uno de sus milagros más espectaculares y difundidos.
Personajes célebres: *Lázaro Cárdenas* (1895-1970), político mexicano, presidente de su país entre 1934 y 1940, apoyó a la República Española y acogió a numerosos exiliados; *Fernando Lázaro Carreter* (1923), eminente filólogo español, director de la Real Academia entre 1991 y 1998, y autor de numerosas obras académicas. Su libro «El dardo en la palabra» (1997) denuncia con amenidad el empobrecimiento del español hablado y escrito en España.

Lucas

Origen: latín.
Significado: de *lucius*, «luminoso», «brillante».
Variantes: Lucio/a, Luciano/a.
Onomástica: 18 de octubre.

Lucas, nacido en Siria, es uno de los cuatro evangelistas canónicos. Autor de «Los hechos de los apóstoles» y del tercer Evangelio, en realidad dos partes de un mismo libro, escrito en un griego excelente y expresivo.

Personajes célebres: *Lucas Cranach el Viejo* (1472-1553), pintor y grabador alemán, su obra abarca desde temas religiosos como «Sagrada familia», hasta desnudos en «Adán y Eva» o «Venus», aparte de retratos y grabados. Su hijo del mismo nombre, apodado El Joven, fue también un artista importante, autor de «La fuente de la juventud».

Magdalena

Origen: hebreo.
Significado: de *migdal*, «torre».
Variantes: Malen, Malena, Marlene.
Onomástica: 22 de julio.

Nombre portado por varias figuras femeninas del Evangelio. La más conocida es María Magdalena, una de las mujeres que acompañó a Jesús en el Calvario y fue testigo de la Resurrección mientras velaba su tumba llorando y gimiendo. Por esa razón «magdalena» es sinónimo de persona llorosa y desconsolada.
Personajes célebres: *santa Magdalena Sofía Barat* (1779-1865), dama francesa, fundadora 1801 de la Sociedad del Sagrado Corazón de Jesús; *Marlene Dietrich* (1901-1992), actriz cinematográfica alemana, alcanzó fama internacional con filmes como «El ángel azul»o «El expreso de Shangai», y ya en su madurez «Testigo de cargo» y «Sed de mal».

Marcos

Origen: latín.
Significado: de *marcus*, «martillo», o también «Marte», dios romano de la guerra.
Variantes: Marc, Marco.
Onomástica: 25 de abril.

Personajes célebres: *Marco Antonio* (83-30 a. C.), general romano, que se atribuyó el gobierno de las provincias de Oriente, donde entabló una célebre relación con la reina Cleopatra VII de Egipto, que les costó a ambos la vida tras ser derrotados por Octavio; *Marco Polo* (1254-1324), viajero veneciano que acompañado por su padre y su tío llegó en 1275 a Pekín, donde permaneció durante diecisiete años al servicio del Gran Khan; *Marc Chagall* (1887-1985), pintor ruso radicado en Francia, sus obras de tinte surrealista se inspiran en escenas populares de su pueblo natal.

María

Origen: hebreo.
Significado: de *maryam*, «tenaz», «persistente».
Variantes: Míriam, Mariona, Marlene, Maruja, Mireya.
Onomástica: 15 de agosto.

María es sin duda el nombre femenino más difundido en Occidente, y se emplea tanto solo como en nombres compuestos. De escasa mención en los Evangelios, su popularidad responde a la advocación de la Virgen María, a partir de que en el siglo V el concilio de Éfeso la reconoce como Madre de Dios. Más tarde la Iglesia católica establecerá el dogma de la Inmaculada Concepción, primera figura de adoración después de la Santísima Trinidad.
Personajes célebres: *Marie Curie* (1867-1934), física francesa de origen polaco, trabajó con su esposo Pierre Curie investigando las propiedades del radio y el polonio radiactivo, obtuvo el premio Nobel de Física en 1903 y el de Química en 1911; *María Callas* (1923-1977), soprano estadounidense de origen griego, alcanzó fama internacional por su magnífica voz y su expresividad dramática; *María Montessori* (1870-1952), pedagoga italiana, creadora del método de enseñanza que lleva su nombre; *Mary Pickford* (1893-1979) actriz canadiense apodada «la novia de América», descolló en el cine mudo de Hollywood y fundó con otros astros famosos la productora *United Artists*.

Marta

Origen: arameo.
Significado: de *mart'ha*, «señora».
Variantes: Martha.
Onomástica: 29 de julio.

Santa Marta fue una seguidora de Jesús, al que alojaba con frecuencia en su casa de Betania. Hermana de María y de Lázaro, cuya resurrección es quizá el milagro más célebre del Evangelio.

Mateo

Origen: hebreo.
Significado: variante de Matías, de *mattith-iah*, «hombre de Dios».
Variantes: Matías, Macías.
Onomástica: 21 de septiembre.

Mateo cuenta con la doble virtud de haber sido apóstol de Jesús y el primero de los cuatro evangelistas. Es poco lo que se sabe sobre su vida, aparte de que antes de su conversión era recaudador de impuestos.
Personajes célebres: *Maestro Mateo* (siglos XII-XIII), arquitecto y escultor, cuyo nombre se registra como autor del Pórtico de la Gloria de la catedral de Santiago de Compostela.

Melchor

Origen: hebreo.
Significado: de *malki-or*, «rey de la luz».
Variantes: Melcior.
Onomástica: 6 de enero.

Uno de los tres Reyes Magos que, según la tradición, llegaron a Belén siguiendo una estrella para adorar al Niño Jesús.

Natalio/a

Origen: latín.
Significado: de *natalis*, «natalicio».
Variantes: Nati, Natal, Natacha.
Onomástica: 27 de julio (Natalia).

Nombre que alude al natalicio de Jesús, cuya variante femenina se emplea hoy con frecuencia en España.

Natanael

Origen: hebreo.
Significado: de *nathan-ael*, «Don de Dios».
Variantes: Natán, Nataniel.
Onomástica: no tiene.

Nombre de un discípulo de Jesús citado en el Evangelio de San Juan, quizá por alusión al apóstol san Bartolomé (*véase* Nombres del santoral).

Natividad

Origen: latín.
Significado: de *nativitas*, «nacimiento».
Variantes: Nadal, Nati, Noel, Noelia.
Onomástica: 8 de octubre.

Nombre cristiano empleado como advocación al nacimiento del Niño Jesús.
Personajes célebres: *Nati Mistral* (1928), cantante y actriz española, alcanzó gran popularidad en todo el mundo de habla hispana.

Nicodemo

Origen: griego.
Significado: de *nike-demos*, «héroe del pueblo».
Variantes: no tiene.
Onomástica: 3 de agosto.

Según san Juan *(3:1-20)*, Nicodemo era un fariseo convertido por la palabra de Jesús, al que defendió ante los sacerdotes y otros miembros de su secta.

Onésimo

Origen: griego.
Significado: de *onesimós*, «conveniente», «útil».
Variantes: no tiene.
Onomástica: 16 de febrero.

Nombre que lleva un personaje del Nuevo Testamento, citado por san Pablo en sus «Epístolas». Hoy casi en desuso, fue frecuente en las primeras comunidades cristianas.

Pedro

Origen: arameo / latín.
Significado: de *kefa*, «piedra», romanizado en *petrus*, «fuerte como la piedra».
Variantes: Petra, Petronila, Petronio, Perico (fam.)
Onomástica: 29 de junio.

Apóstol cuyo nombre original era Simón bar Yoná, al que Jesús rebautizó como Pedro al encomendarle erigir su Iglesia. Llamado «El príncipe de los apóstoles», dedicó el resto de su larga vida a difundir la doctrina cristiana y murió crucificado en Roma por orden de Nerón, en el año 65. Se le atribuyen dos epístolas y la inspiración del Evangelio de San Marcos.
Personajes célebres: *Pedro Calderón de la Barca* (1600-1681), dramaturgo y religioso español, autor de casi 200 obras de diversos géneros y temas, entre ellas «El alcalde de Zalamea» y «La vida es sueño»; *Pedro I el Grande* (1672-1725), zar de Rusia de formación y espíritu europeizante, impulsó la modernización y el poderío de su imperio, expresados en la fundación de una nueva capital, San Petersburgo; *Pieter Bruegel, llamado «El Viejo»* (1525-1569), gran maestro de la pintura flamenca, precursor en Flandes del arte renacentista, destacan en su obra las escenas y fiestas populares; *Piotr Illich Chaikovsky* (1840-1893), compositor ruso adscrito al romanticismo, autor de óperas como «Eugene Oneguin» y de tres ballets de gran popularidad: «El lago de los cisnes», «La bella durmiente» y «Cascanueces».

Poncio/a

Origen: latín.
Significado: de *pontus*, «mar».
Variantes: Ponciano/a.
Onomástica: 14 de mayo.

Poncio Pilatos, el romano más célebre de los Evangelios, era procurador de Judá en el momento del proceso de Jesús. Intentó una débil resistencia a condenarlo, pero finalmente se desentendió del caso con el famoso gesto de lavarse las manos.

Resurrección

Origen: latín.
Significado: de *resurgo*, «resurgir», «reaparecer».
Variantes: no tiene.
Onomástica: domingo de Pascua.

Nombre cristiano femenino, que alude a la Resurrección de Cristo, cuya celebración culmina la Semana Santa.

Reyes

Origen: latín.
Significado: de *rex*, «rey».
Variantes: no tiene.
Onomástica: 6 de enero.

Nombre cristiano que evoca a los tres sabios de Oriente, probablemente astrónomos, que según la tradición honraron en Belén la divinidad del Niño Jesús.
Personajes célebres: *Manuel-Reyes Mate Rupérez (Reyes Mate)*, filósofo español de renombre internacional, miembro fundador del Instituto de Filosofía y su director entre 1990 y 1998, autor de «Heidegger y el judaísmo»

o «Pensar en español», es también colaborador habitual en los diarios *El País* y *El Periódico*.

Salomé

Origen: hebreo.
Significado: de *salem*, «armonioso», «perfecto».
Variantes: Salome.
Onomástica: 22 de octubre.

Princesa judía del siglo I, hija de Herodes Filipo. A instancias de su madre, Herodías, bailó ante su tío Herodes Antipas una danza cuya sensualidad encandiló al monarca. Ella le pidió como premio la cabeza de san Juan Bautista, que fue decapitado en el acto. La escena ha sido tema de numerosos cuadros y dibujos de grandes maestros.

Personajes célebres: *santa Salomé* (siglo I), mujer del círculo de María, asistió con ella a la crucifixión de Cristo. Según algunos exegetas era la esposa de Zebedeo y madre de los apóstoles Santiago el Mayor y Juan.

Santiago

Origen: latín.
Significado: de *¡Sancte Iacobe!*, grito de guerra usado en la Edad Media.
Variantes: Jacobo, Jaime, Iago, Tiago, Yago, Yagüe (arcaico).
Onomástica: 25 de julio.

Nombre cristiano que rinde homenaje al apóstol que evangelizó España. En realidad es la aglomeración de la partícula *sant* con el nombre *Iago* (versión de Jacobo, que a su vez dio Jacques y Jaime). Venerado en la catedral de Santiago de Compostela, meta del tradicional Camino de Santiago, llamado también Jacobeo en homenaje al nombre original del santo.

Personajes célebres: *Santiago Rusiñol* (1861-1931), pintor y literato catalán, maestro e impulsor del modernismo barcelonés, publicó las crónicas tituladas «Desde mi molino» y, entre otras obras, «La aleluya del señor

Esteve»; *Santiago Ramón y Cajal* (1852-1934), médico e investigador español, dedicado al estudio del sistema nervioso. Sus trabajos sobre las relaciones entre las células derivaron en la teoría de la neurona, comprobada en 1913. Ramón y Cajal obtuvo el Premio Nobel de medicina y fisiología en 1906, junto con el bacteriólogo italiano Camillo Golgi.

Simón/a

Origen: griego.
Significado: de *simós*, «el de nariz grande».
Variantes: Simeón.
Onomástica: 28 de octubre.

Nombre original de san Pedro, pescador que llegó a ser llamado el Príncipe de los Apóstoles, y al que Cristo designó su vicario en la Tierra. Fue obispo de Roma y el primer pontífice de la Cristiandad, por lo que dio su nombre al trono papal.
Personajes célebres: *Simón Cireneo* (siglo I), personaje bíblico de oficio labrador, fue obligado por los soldados romanos a cargar la cruz de Jesús en el Calvario; *Simón Bolívar*, llamado «*El Libertador*» (1783-1830), militar y político venezolano, obtuvo por las armas la retirada española de todo el norte de Sudamérica sin poder cumplir su sueño de hacer del subcontinente una sola nación; *Simone de Beauvoir* (1908-1986), escritora francesa, compañera sentimental de J. P. Sartre y musa feminista del existencialismo, autora de «Los mandarines» y «El segundo sexo»; *Shimon Peres* (1923), político israelí, líder del partido laborista, ocupó varios ministerios incluyendo la jefatura del Gobierno, y obtuvo el premio Nobel de la Paz en 1994, junto a Yasir Arafat e Itzak Rabin.

Tadeo

Origen: hebreo.
Significado: de *taddeus*, «el que alaba».
Variantes: no tiene.
Onomástica: 4 de noviembre.

Nombre cristiano que es advocación de uno de los doce apóstoles que siguieron a Jesús, del que era pariente cercano. Hermano de Santiago el Menor, se le atribuye una de las Epístolas.

Timoteo

Origen: griego.
Significado: de *tymo*, «ánimo» y *Theos*, «Dios», «impulso divino».
Variantes: Tim.
Onomástica: 26 de enero / 9 de mayo.

San Timoteo fue uno de los discípulos predilectos de san Pablo, destinatario de dos de sus Epístolas. Según la tradición fue obispo de Éfeso, en el Asia Menor, y murió martirizado.
Personajes célebres: *Timoteo* (447-360 a. C.), poeta y músico griego nacido en Mileto, de su abundante producción lírica sólo se conservan fragmentos; *Timoteo* (siglo IV a. C.), escultor griego, uno de los decoradores del templo de Halicarnaso y el de Esculapio en Epidauro.

Tomás

Origen: arameo.
Significado: de *thomas*, «gemelo».
Variantes: Tomé.
Onomástica: 3 de julio / 21 o 29 de diciembre.

Nombre de uno de los doce apóstoles, nacido en Galilea y apodado *Dídimo*, conocido popularmente por su incredulidad ante la Resurrección de Cristo. Según narra el Evangelio de San Juan (20:24-29) Tomás exigió ver las llagas producidas por los clavos de la cruz en las manos del presunto resucitado, para constatar que se trataba realmente del Redentor.
Personajes célebres: *santo Tomás de Aquino,* llamado *el* «Doctor Angélico» (1224-1274), teólogo y filósofo italiano de la orden dominica, que intentó conciliar la doctrina cristiana con la tradición aristotélica, estableciendo el «tomismo» como corriente de la escolástica, según su inmensa obra inacabada

«Summa Theológica»; *santo Thomas Beckett* (1117-1170), religioso y político inglés, arzobispo de Canterbury, defendió los privilegios de la Iglesia frente a la corona, por lo que fue asesinado en su propia catedral y santificado como mártir en 1172 por el papa Alejandro III; *Thomas Moro* (1478-1535), político y humanista inglés, que como canciller del Reino se negó a aprobar el divorcio de Enrique VIII y su ruptura con el papa. Fue acusado de traición y ejecutado por oponerse a la creación de la Iglesia disidente anglicana. Autor de «Utopía», una de las obras mayores del pensamiento humanista, fue canonizado en 1935.

Verónica

Origen: griego.
Significado: de *vera-eikon*, «verdadera imagen», en alusión al sudario de Cristo.
Variantes: Vero, Veronia, Verónika.
Onomástica: 4 de febrero.

Advocación cristiana de santa Verónica, protagonista de un hecho muy popular aunque no se registre en las Escrituras. Según la tradición se trata de una mujer que se apiadó de Cristo en el Calvario y le enjugó la sangre del rostro, que quedó impreso en el paño. La supuesta reliquia ha aparecido en diversos lugares, provocando profundas e inacabables polémicas sobre su autenticidad.

Zebedeo

Origen: hebreo.
Significado: de *zahdi*, «obsequio», «regalo».
Variantes: no tiene.
Onomástica: no tiene.

Personaje citado en el Evangelio de San Juan como uno de los primeros seguidores de Jesús. De oficio pescador, fue el padre de los apóstoles Santiago y Juan.

Nombres cristianos

En sus más de dos mil años de historia, durante los cuales se extendió por todo el mundo, el cristianismo ha consagrado un sinnúmero de nombres propios que responden a determinados acontecimientos, dogmas de fe, figuras, devociones y advocaciones, incluyendo los de su abundantísimo Santoral y los numerosos que se atribuyen a la Virgen María. Damos aquí una selección actualizada de la mayor fuente de la onomástica occidental.

Genéricos

Ascensión

Origen: latín.
Significado: de *ascendere*, «subir».
Variantes: no tiene.
Onomástica: el jueves después de Pascua.

Nombre que evoca la ascensión de Cristo a los cielos, cuarenta días después de la Resurrección y ante todos sus apóstoles. Como nombre geográfico bautiza la isla Ascensión, en el Atlántico sur, y una bahía del Yucatán mexicano.

Concepción

Origen: latín.
Significado: de *conceptio*, «concepción», «generación».
Variantes: Concha, Conchita.
Onomástica: 8 de diciembre.

Nombre muy popular en España, así como sus variantes, su presencia en el santoral honra a la Inmaculada Concepción de María, dogma de la fe católica consagrado por Pío IX en 1804, después de siglos de discusiones y enfrentamientos teológicos sobre la verdadera naturaleza de la Madre de Cristo. Con el mismo significado y advocación se emplea el nombre femenino Inmaculada.

Cristo

Origen: griego.
Significado: de *christós*, «ungido».
Variantes: Crista, Cristeta.
Onomástica: 25 de diciembre.

Nombre usado como adjetivo de Jesús en las versiones griegas de los Evangelios. Fue adoptado por los primeros cristianos, pues consideraban irreverente pronunciar el nombre del Redentor. Luego ambos nombres se hicieron equivalentes, así como su agregación Jesucristo. Es costumbre llamar preferentemente Jesús al niño y al joven profeta, y Cristo al que está crucificado.

Cristián/a

Origen: latín.
Significado: de *christianus*, «seguidor de Cristo».
Variantes: Cristiano, Cristino/a.
Onomástica: 12 de noviembre.

Personajes célebres: *Christian IV* (1577-1648), rey de Dinamarca y de Noruega, propulsor del comercio y la navegación y reconstructor de la ciudad de Oslo; *Hans Christian Andersen* (1805-1875), escritor danés, alcanzó celebridad como autor de cuentos infantiles que aún mantienen su interés y popularidad; *Alfredo Cristiani* (1948), político salvadoreño, elegido presidente en 1989 como candidato del partido derechista «Arena», firmó un acuerdo de paz con el FSLN.

Cristino/a

Origen: latín.
Significado: de *christiano*, «seguidor de Cristo».
Variantes: Cristiano/a.
Onomástica: 24 de julio (Cristina).

Quizá el nombre más popular entre los derivados de Cristo, especialmente en la variante femenina, usada también con frecuencia en la forma «María Cristina».
Personajes célebres: *Cristina de Suecia* (1626-1689), reina de Suecia como hija única de Gustavo II, protectora y mecenas de las artes y las ciencias, abdicó en favor de su primo Carlos Gustavo para dedicarse a una intensa vida cultural en Roma; *Cristina de Borbón y Grecia* (1965), infanta de España y duquesa de Palma, segunda hija de los reyes Juan Carlos I y Sofía de Grecia. En 1997 contrajo matrimonio con el astro del balonmano Iñaki Urdangarín.

Cruz

Origen: latín.
Significado: de *crux*, «cruz».
Variantes: no tiene.
Onomástica: 14 de septiembre.

Nombre masculino que evoca la pasión y muerte de Jesucristo crucificado en el Calvario. Es más raro su uso como femenino, pese a ser éste el género de la palabra original.

Custodio/a

Origen: latín.
Significado: de *custodire*, «guardar», «proteger».
Variantes: no tiene.
Onomástica: no tiene.

En el culto católico refiere a la Custodia, pieza de oro, plata u otro metal en la que se guarda y expone en el altar una hostia consagrada, como símbolo de la Eucaristía. En la orden franciscana el nombre corresponde a un grupo de conventos que no llegan a formar una provincia.

Gloria

Origen: latín.
Significado: de *gloria*, «fama», «grandeza».
Variantes: no tiene.
Onomástica: domingo de Gloria.

Nombre católico femenino muy usual, como advocación a la Pascua de Resurrección y al domingo de Gloria. Puede referir también a la Gloria, estado de beatitud y contemplación del Señor que sienten las almas en el Cielo. Es célebre el «Pórtico de la Gloria», que se encuentra en la fachada principal de la catedral de Santiago de Compostela.
Personajes célebres: *Gloria Swanson* (1897-1983); actriz estadounidense del cine mudo, alcanzó celebridad en papeles de mujer fatal («Abnegación», «La reina Kelly») y se retiró al llegar el sonoro para reaparecer en 1950 con «El crepúsculo de los dioses», prácticamente autobiográfica; *Gloria Fuertes* (1917-1998); poetisa española de particular expresividad, autora de «Isla Ignorada», «Obras incompletas» e «Historia de Gloria», en las que conjuga ternura y patetismo.

Gracia

Origen: sánscrito y latín.
Significado: de *gurta* o *gratus*, «agradable», bienvenido».
Variantes: Graciela, Gracián, Graciano/a, Engracia.
Onomásticas: 25 de marzo / 9 de junio / 7 de noviembre / 22 de diciembre (Graciano).

La antiquísima voz sánscrita pasó a la mitología griega para nombrar a las tres bellas hijas de Zeus y Afrodita. El latín la adoptó como *gratias*, tomado por los cristianos como nombre propio para honrar a la Gracia de Dios y, más tarde, a la Virgen de ese nombre.
Personajes célebres: *Graciano* (siglo IV), emperador romano entre 375 y 383, combatió a los alamanes y persiguió a los paganos y herejes. Huyó a Lyon cuando las legiones eligieron en su lugar a Máximo, y murió asesinado en el exilio. *Baltasar Gracián* (1601-1658), jesuita y literato español, que alcanzó fama con sus obras «El criticón» y «Agudeza y arte del ingenio», cuya originalidad y ácida ironía le valieron la reprobación de la propia Compañía de Jesús; *Grace Kelly o Grace de Mónaco* (1928-1982), actriz estadounidense que lució su belleza refinada y distante en filmes como «Solo ante el peligro», «Mogambo», «La ventana indiscreta», o «Atrapa a un ladrón». Su boda con el príncipe Rainiero III de Mónaco en 1956 la convirtió para el público en arquetipo de un cuento de hadas, truncado por su trágica muerte en un accidente de automóvil.

Mariano/a

Origen: latín.
Significado: de *marianus*, «de María».
Variantes: no tiene.
Onomástica: 19 de agosto.

Gentilicio de una noble familia romana, adoptado por el catolicismo como nombre propio en homenaje a la Virgen María. Corresponde también al culto mariano y sus liturgias.
Personajes célebres: *Mariana Pineda* (1804-1831); heroína granadina del liberalismo español, acusada de conspiración, rechazó el perdón que

se le ofrecía a cambio de denunciar a sus compañeros y fue condenada a muerte; *Mariano José de Larra* (1809-1837); escritor español de punzante espíritu crítico, autor de «El pobrecito hablador», se suicidó a los 27 años por un desengaño amoroso; *Luis Mariano* (1920-1970); nombre artístico de Mariano Eusebio González, cantante de origen español nacido en Francia, donde actuó en óperas cómicas, operetas y revistas musicales, su gran éxito internacional fue la película «Violetas imperiales»; *Mariano Rajoy* (1955), político español que desde 1996 ocupó varios ministerios. En abril de 2002 fue designado vicepresidente primero y ministro portavoz del Gobierno.

Pío/a

Origen: latín.
Significado: de *pius*, «devoto», «piadoso».
Variantes: no tiene.
Onomástica: 30 de abril.

Nombre cristiano adoptado al subir al solio por una docena de pontífices, el primero de ellos san Pío, en el año 140 de nuestra era. La preferencia papal difundió el uso de ese nombre en los países católicos, sobre todo a partir del siglo XV con Pío II.
Personajes célebres: *Pío II* (1405-1464); sacerdote y humanista italiano, elegido pontífice en 1458, abandonó sus ideas para organizar una cruzada contra los turcos y murió poco antes de embarcar; *Pío XII* (1876-1958); elegido papa en 1939, se esforzó sin éxito por evitar la II Guerra Mundial, en la que su actitud neutral y su silencio ante el Holocausto le ganaron muchas críticas; *Pío Cabanillas* (1923-1991); político conservador español, ocupó varios ministerios con el franquismo y participó en la transición de la dictadura a la democracia. Durante los gobiernos de la UCD integró los gabinetes de Adolfo Suárez y Leopoldo Calvo Sotelo. Su hijo, con el mismo nombre, ha seguido sus pasos dentro del Partido Popular.

Purificación

Origen: latín.
Significado: de *purificatio*, «purificar», «dar pureza».
Variantes: Pura, Purísima.
Onomástica: 2 de febrero.

Nombre cristiano femenino que alude a la Purificación de la Virgen, llamada también Presentación del Señor, que se celebra cuarenta días después de Navidad. Corresponde a un ritual hebreo por el cual las madres recientes acudían al templo para purificarse después del parto y presentar su hijo a los sacerdotes.

Sagrario

Origen: latín.
Significado: de *sacrarium*, «lugar sagrado».
Variantes: no tiene.
Onomástica: no tiene.

Nombre femenino que honra al recinto donde se depositan las cosas consagradas en los templos del culto católico. En algunas catedrales se da este nombre a una capilla adjunta dedicada a parroquia.

Salvador/a

Origen: latín.
Significado: de *salvator*, «salvador».
Variantes: no tiene.
Onomástica: 13 de marzo.

Nombre que refiere al sacrificio de Jesucristo en la cruz para redimir a los pecadores. Fue creado por los primeros cristianos para honrarlo sin usar su nombre, lo que se consideraba irreverente.

Personajes célebres: *Salvador de Madariaga* (1886-1978); escritor y diplomático español, embajador de la República en Washington y París, autor de varias obras biográficas y de «España, ensayo de historia contemporánea»; *Salvador Dalí* (1904-1989); pintor español, uno de los más notables del siglo XX, adhirió al arte surrealista según su personal método «paranoico crítico». Entre sus obras destacan «El cristo de San Juan de la Cruz» y la «Madona de Port Lligat»; *Salvador Allende* (1908-1973); político socialista chileno, médico de profesión, fue elegido presidente en 1970. El proceso de socialización iniciado desde su Gobierno encontró una fuerte resistencia en los sectores privilegiados, que llevó al golpe de Estado del general Pinochet en 1973. Allende murió ametrallado mientras defendía el palacio presidencial.

Trinidad

Origen: latín.
Significado: de *trinitas*, «trío», «trinidad».
Variantes: Trini.
Onomástica: primer domingo después de Pentecostés.

Nombre que refiere al dogma de la Santísima Trinidad, integrada por tres «personas» (Padre, Hijo y Espírtu Santo), que conforman el Dios «uno y trino» del Cristianismo. El apócope Trini toma en ocasiones entidad de nombre independiente.

Vera

Origen: latín.
Significado: de *verus*, «Verdadero», «auténtico».
Variantes: no tiene.
Onomástica: 1 de agosto.

Nombre cristiano femenino que hace referencia a la «Vera Cruz» como símbolo de la fe y estandarte de sus seguidores. Da también nombre a la ciudad mexicana de Veracruz, capital del estado homónimo.

Nombres del santoral

Se dan a continuación lo principales nombres del santoral que no figuran en los otros apartados.

Adela

Origen: germánico.
Significado: de *athal*, «noble».
Variantes: Adelino/a, Adelinda, Alina, Adelaida, Ethel.
Onomástica: 24 de diciembre.

El empleo cristiano de este nombre es advocación de la hija del rey Dagoberto II de Francia, que en el siglo VIII fue abadesa del monasterio de Trèves. Falleció en el 734 y obtuvo la canonización por su piedad y dedicación a elevar la vida monacal. La variante Ethel es muy frecuente en el mundo anglosajón.

Adolfo/a

Origen: germánico.
Significado: de *athal*, «noble» y *wulf*; «lobo».
Variantes: Adolfino/a, Adulfo, Ataúlfo.
Onomástica: 11 de febrero.

Nombre muy popular en Europa desde la Edad Media, con el sentido de «guerrero insigne». Su uso decayó a mediados del siglo XX, en razón de la figura negativa de Adolf Hitler, pero se ha ido recuperando en las últimas décadas.
Personajes célebres: *Adolf Hitler* (1889-1945), político e ideólogo alemán nacido en Austria, participó en la I Guerra Mundial y luego fue fundador del partido nazi (NSDAP), de tendencia expansionista y antisemita; llegó al poder en 1933 e inició la II Guerra Mundial, que dio lugar al Holocausto de 6.000.000 de judíos europeos. *Adolfo Suárez* (1932), político español que en 1976 condujo la transición de la dictadura a la democracia.

Fundador de la Unión de Centro Democrático (UCD), fue el primer presidente del Gobierno elegido bajo la nueva Constitución de 1978, que él había impulsado. Renunció en 1981 para retirarse de la política activa.

Águeda

Origen: griego.
Significado: de *agathós*, «buena».
Variantes: Ágata, Ádega, Gadea.
Onomástica: 5 de febrero.

Santa Águeda fue una mártir cristiana del siglo III, que según la tradición obró el milagro de detener una erupción del Vesubio y murió ejecutada durante las persecuciones del emperador Decio. En la Edad Media fue muy popular la variante Gadea, que alcanzó fama por la iglesia burgalesa de Santa Gadea, donde en el año 1072 Rodrigo Díaz de Vivar «El Cid» hizo jurar a Alfonso VI que era inocente de la muerte de su hermano.

Agustín/a

Origen: latín.
Significado: de *augustinus*, «familiar de Augusto».
Variantes: no tiene.
Onomástica: 28 de agosto.

San Agustín fue uno de los Doctores de la Iglesia que más han influido en el pensamiento occidental. Nació en 354 Tagaste, Numidia, de padre pagano y madre cristiana. Designado obispo de la ciudad argelina de Hipona, murió mientras ésta sufría el asedio de los vándalos en el 430. En sus obras trató temas fundamentales de filosofía y teología, expresados en «Ciudad de Dios» y sus célebres «Confesiones».
Personajes célebres: *Agustina de Aragón* (1789-1858); nombre con que pasó a la historia Agustina Saragossa i Domènech, nacida en Barcelona y residente en Zaragoza cuando ésta fue atacada por las tropas napoleónicas. Agustina consiguió apoderarse de un cañón enemigo, que usó para ayudar a la defensa de la ciudad.

Alberto/a

Origen: germánico.
Significado: de *athal*, «noble» y *berth*, «brillante»: «brillante por su nobleza».
Variantes: Berto, Berta, Bertín.
Onomástica: 15 de noviembre.

San Alberto Magno, llamado el «Doctor universal», nació en Colonia, Alemania en 1193. Profesor de teología y maestro de santo Tomás de Aquino, sobre el que ejerció una decisiva influencia intelectual. San Alberto murió en 1280 y fue canonizado en 1931.
Personajes célebres: *Albert Einstein* (1879-1955); sin duda el mayor físico del siglo XX y una de las mentes más agudas y creativas en la historia de la ciencia, su «Teoría de la Relatividad» revolucionó la concepción del espacio y del tiempo; *Albert Schweitzer* (1895-1965); médico, músico y teólogo alsaciano, firme defensor del pacifismo y la solidaridad, fundó en 1913 un hospital en Lambarené (Gabón), que dirigió durante más de 40 años, y obtuvo el premio Nóbel de la Paz en 1952; *Albert Camus* (1913-1960), escritor francés nacido en Argel, adherente díscolo del existencialismo, militó en la resistencia y en 1945 fundó el periódico progresista *Combat*. Autor de varias piezas de teatro y de las novelas «El extranjero» y «La peste», obtuvo el premio Nóbel de Literatura en 1957.

Alfredo/a

Origen: germánico.
Significado: de *ald-frid*, «gobernante pacificador».
Variantes: no tiene.
Onomástica: 12 de enero.
San Alfredo el Grande fue un rey de Wessex (Inglaterra), que a finales del siglo IX se convirtió en soberano de los anglosajones y reunió a los otros monarcas vecinos para rechazar la invasión de los normandos. Promovió la difusión del cristianismo y la cultura anglosajona, y se lo considera el precursor del Reino de Inglaterra.

Personajes célebres: *Alfredo Landa* (1933), actor de cine español nacido en Pamplona, encasillado en papeles cómicos en los años sesenta, demostró más tarde sus dotes de intérprete dramático en títulos como «Los santos inocentes», «Sinatra» o «El río que nos lleva».

Álvaro

Origen: germánico.
Significado: de *all*, «todo», «totalmente» y *wars*, «sabio».
Variantes: Alvar, Alberico, Alvero.
Onomástica: 19 de febrero.

Implantado en la España visigótica, este nombre se hizo muy típico de Castilla desde la Edad Media hasta el siglo XIX, y su uso ha renacido en los últimos años. Su onomástica cristiana corresponde al dominico cordobés Álvaro de Córdoba, que en el siglo XV introdujo la práctica del Via Crucis en España.

Ambrosio/a

Origen: griego.
Significado: de *an-brótos*, «no mortal», o sea «divino».
Variantes: no tiene.
Onomástica: 7 de diciembre.

San Ambrosio, Padre y Doctor de la Iglesia, nació en Tréveris (Renania) en el año 340. Funcionario del Imperio romano y más tarde arzobispo de Milán, estudió y enseñó teología y humanidades. Su prédica pastoral lo llevó a convertir y bautizar a san Agustín, que sería su más brillante discípulo. Murió en 397.
Personajes célebres: *Ambrose Bierce* (1842-1914), escritor y periodista estadounidense, precursor de la novela corta en su país. Su obra, inspirada en un humor algo macabro, abarca títulos como «Cuentos de soldados y civiles» o «Fábulas fantásticas».

Anselmo/a

Origen: germánico.
Significado: de *Ans*, dios mitológico y *helm*, «casco».
Variantes: Selmo/a.
Onomástica: 21 de abril.

Con el significado simbólico de «protección de Dios» este nombre pasó al cristianismo con san Anselmo de Canterbury, benedictino piamontés que en 1090 fue designado arzobispo de esa abadía londinense y primado de Inglaterra. Consagrado Doctor de la Iglesia por Clemente XI en 1720, dejó textos fundamentales en el desarrollo de la escolástica.

Personajes célebres: *Josep Anselm Clavé* (1824-1874), compositor y director catalán nacido en Barcelona, impulsó la música coral y la formación de más de sesenta coros en toda Cataluña. *Selma Lagerlöf* (1858-1940), escritora sueca, primera mujer académica de su país y Premio Nóbel de Literatura en 1909; es autora de «La saga de Gösta Berling», «El carretero de la muerte» y el conocido relato infantil «El viaje del Nils Holggerson».

Antonio/a

Origen: etrusco.
Significado: de *Antonia*, nombre de una noble familia romana, cuyo significado se ignora.
Variantes: Antonino/a, Antoniano/a, Antonieta.
Onomástica: 13 de junio.

Hay en la hagiografía cristiana tres importantes santos llamados Antonio, que suelen inspirar el uso de este nombre. San Antonio Abad (251-356), llamado «El Ermitaño», fundador de la vida monástica; san Antonio de Padua (1195-1231), franciscano portugués que predicó en África y en Sicilia, donde conoció a san Francisco, que le aconsejó estudiar las Escrituras. Es autor de varios tratados de teología y mística y se conservan todos sus sermones públicos. San Antoni María Claret (1807-1870), sacerdote catalán, predicó en Canarias y fue obispo de Santiago de Cuba. Al regresar a España fundó la congregación de los claretianos y como confesor de la reina Isabel II influyó en la política de la época.

Personajes célebres: *Antoni Gaudí* (1852-1926); arquitecto catalán con una particular e imaginativa visión del modernismo, que se refleja en el Palacio Güell, la casa llamada «La Pedrera», y sobre todo en el inacabado templo expiatorio de «La Sagrada Familia»; *Antonio Machado* (1875-1939); poeta español nacido en Sevilla, durante la guerra civil defendió con fervor la República y debió refugiarse en Francia; murió en su exilio de Colliure, dejando obras como «Campos de Castilla», «Páginas escogidas», o «Nuevas canciones»; *Antoine de Saint-Exupéry* (1900-1944); escritor francés y pionero del correo aéreo, es autor de «Vuelo nocturno» y de la universalmente conocida «El principito».

Bárbara

Origen: griego.
Significado: de *barbaros*, «extranjero».
Variantes: Barbarano/a.
Onomástica: 4 de diciembre.

Santa Bárbara fue una doncella cristiana de Bitinia, en el Asia Menor, que en el siglo III sufrió martirio a manos de su padre por negarse a abjurar de su fe. Según la tradición el asesino murió de inmediato, alcanzado por un rayo divino. Quizá por eso esta santa es protectora contra las tormentas y patrona de los artilleros. Por la misma razón, en los navíos de guerra se llama «santabárbara» al recinto que sirve de arsenal.
Personajes célebres: *Bárbara de Braganza* (1711-1758); reina de España por su matrimonio con Fernando VI en 1729, era hija de los reyes de Portugal Juan V y María Ana.

Bartolomé/a

Origen: hebreo.
Significado: de *bartolmai*, «hijo de Ptolomeo».
Variantes: Bertomeo/a.
Onomástica: 24 de agosto.

Uno de los doce apóstoles, nacido en Galilea, al que san Juan llama Natanael («Don de Dios»). Poco es lo que se sabe de él después de la Ascensión, aparte de que se le atribuye un Evangelio apócrifo. Según una leyenda evangelizó la península arábiga y Etiopía, llegando con su prédica hasta la India.

Personajes célebres: *Bartolomé de las Casas* (1474-1566); religioso dominico español, primer sacerdote ordenado en América (1512), predicó en Cuba y en México, donde fue obispo de Chiapas, denunció severamente los abusos contra los indígenas en sus obras «Brevísima relación de la destrucción de las Indias» e «Historia de las Indias»; *Bartolomé Mitre* (1821-1906); general y político argentino, líder del partido unitario, que impuso por las armas a los federales la capitalidad de Buenos Aires. Elegido presidente en 1862, dos años más tarde comandó el ejército de su país en la Guerra del Paraguay.

Basilio/a

Origen: griego.
Significado: de *basileus*, «rey».
Variante: Basil.
Onomástica: 2 de enero.

San Basilio, llamado «el Grande», es uno de los Padres de la Iglesia más populares en Rusia y los países eslavos. Nacido en Cesarea en 329, fue elegido obispo de su ciudad natal a los 40 años, ya con un sólido prestigio como teólogo y maestro. Persiguió el arrianismo y fue el iniciador de la vida cenobítica. Murió en 379, dejando numerosas homilías y varios textos sobre la vida monástica.

Personajes célebres: *Basilio I el macedonio* (812-886); emperador de Bizancio, protector de las artes y las letras, expandió la influencia bizantina en Bulgaria y los Balcanes; *Vassili Kandinski* (1866-1944); pintor ruso radicado en Alemania, precursor del arte abstracto y el espacio indefinido, participó de la Revolución de Octubre y en 1933 se exilió en Francia ante el surgimiento del nazismo. Su obra más emblemática es «Punto y línea sobre un plano».

Benito/a

Origen: latín.
Significado: de *benedictus*, «Con buen nombre».
Variantes: Benedicto/a.
Onomástica: 21 de marzo / 11 de julio (para los benedictinos).

Nombre adoptado por los primeros cristianos para celebrar el sacramento del Bautismo.

Su mayor inspirador como nombre personal fue san Benito de Nursia, que vivió entre los siglos VI y VII. Fundador de la orden benedictina y del célebre monasterio de Montecassino, fue elegido Patriarca de los monjes de la Iglesia latina. En 1964 el papa Pablo VI lo nombró patrón de Europa.

Personajes célebres: *Benedicto XIII*, «El papa Luna», (1328?-1422); nombre pontificio adoptado por el religioso español Pedro Martínez de Luna, elegido por los cardenales de Aviñón pero considerado antipapa por la Curia romana, fue depuesto por el Concilio de Pisa (1409) y se retiró a su castillo de Peñíscola, donde murió; *Benito Mussolini*, llamado «Il Duce» (1883-1945); político y dictador italiano fundador del movimiento fascista. En 1922 encabezó la Marcha sobre Roma, que obligó al rey Víctor Manuel III a nombrarlo jefe del Gobierno, e impuso poco después un régimen totalitario y personalista. Aliado de Hitler en la II Guerra Mundial, al producirse la invasión aliada de Sicilia intentó huir disfrazado, pero fue descubierto y fusilado por los partisanos de la resistencia.

Bernardo/a

Origen: germánico.
Significado: de *berin*, «oso» y *hard*, «fuerte».
Variantes: Bernaldo, Berardo, Bernal, Bernardino/a.
Onomástica: 15 de junio / 20 de agosto.

Nombre de uso frecuente en el cristianismo, en razón de figuras religiosas como Bernardo de Claraval, que reformó la orden del Císter en el siglo XII; o Bernardo de Menton, fundador de un refugio de montaña donde se originaron los famosos perros de auxilio a los alpinistas con su barrilito de ron.

Blas

Origen: griego y latín.
Significado: de *blaisos*, «zambo» y de *blaesus*, «tartamudo».
Variantes: Blasio, Blaise.
Onomástica: 3 de febrero.

San Blas fue un obispo de Armenia en el siglo IV, del que poco sabe la hagiografía y al que mucho le atribuye la tradición popular. Según su leyenda en una ocasión extrajo milagrosamente la espina atravesada en la garganta de un joven, por lo que se lo invoca ante accidentes similares, ahogos o fuertes ataques de tos. Se lo menciona también familiarmente para cerrar una discusión: «lo dijo Blas, punto redondo», y como no podía ser menos, es el patrón de los laringólogos.
Personajes célebres: *Blaise Pascal* (1623-1662), científico y pensador francés de inspiración jansenista, su vida y su obra muestran dos etapas bien diferenciadas: la primera dedicada a la física y las matemáticas; la segunda a la reflexión moral y religiosa. Entre sus obras dejó numerosas sentencias y máximas que popularizaron su pensamiento.

Bonifacio

Origen: latín.
Significado: de *bonus fatum*, «buen augurio».
Variantes: no tiene.
Onomástica: 5 de junio.

San Bonifacio fue un monje benedictino anglosajón del siglo VIII, que al entrar en la orden abandonó su nombre de nacimiento, *Wynfrid*, por el latino *Bonifacius*. El papa Gregorio II le encomendó la evangelización de la Germania, donde fundó el monasterio de Fulda y murió poco después degollado por fanáticos paganos. Su nombre es uno de los favoritos de los papas medievales.
Personajes célebres: *Bonifacio VIII* (1220-1303), nombre adoptado por el cardenal Benedetto Gaitani al ser elegido papa. En su reinado defendió la supremacía del pontífice sobre todos los poderes espirituales y terrena-

les, rechazada por Felipe IV de Francia. Éste envió una expedición para detener al papa, pero Bonifacio VIII fue liberado por el pueblo y devuelto a Roma, donde falleció poco después.

Bruno

Origen: germánico.
Significado: de *prunja*, «armadura», «coraza».
Variante: Brunilda.
Onomástica: 6 de octubre.

San Bruno fue un religioso alemán del siglo XI, fundador de la orden de los cartujos. Siendo profesor en Reims tuvo como discípulo al futuro papa Urbano II, que años después lo llamaría a Roma como consejero. En 1084 creó con seis seguidores la Cartuja, que se extiende rápidamente por Francia y otros países europeos. Fray Bruno murió en 1101 y su cuerpo fue encontrado incorrupto en 1515.

Buenaventura

Origen: latín.
Significado: de *bona*, «buena» y *venturus*, «futuro», «porvenir».
Variantes: Ventura, Venturino/a.
Onomástica: 15 de julio.

Nombre latino que se utiliza como buen augurio al recién nacido. San Buenaventura fue un religioso francés nacido en Lyon en 1221, general de la orden franciscana, que estableció las tradiciones de San Francisco y defendió a los dominicos contra el clero secular. Obispo de Albano y después cardenal, asistió al Concilio de Lyon como legado pontificio. Murió en 1274 y fue canonizado por Sixto IV en 1482.
Personajes célebres: *Buenaventura Durruti* (1896-1936), político y activista español, comandó las fuerzas anarquistas en Barcelona durante los combates de julio de 1936. El Gobierno republicano lo envió ese mismo año a los frentes de Aragón y de Madrid, donde murió.

Carlos

Origen: germánico.
Significado: de *karl*, «fuerte», «viril».
Variantes: Carlo/a, Carola, Carolino/a, Carlota.
Onomástica: 4 de noviembre.

Nombre frecuente en la realeza y la aristocracia europea a partir de la figura de Carlomagno, lo han llevado reyes y príncipes de Austria, Alemania, España, Francia, Suecia y Portugal. Como devoción cristiana refiere a san Carlos Borromeo (1538-84), prelado italiano que fue cardenal y obispo de Milán. Se ocupó de la reorganización del clero y durante la peste dio un conmovedor ejemplo de abnegación personal.
Personajes célebres: *Carlos I de España y V de Alemania* (1500-1558), emperador del Sacro Imperio y rey de Castilla y Aragón, gobernó España en su momento de mayor esplendor; *Karl Marx* (1818-1883), economista y filósofo alemán creador del marxismo, basado en el materialismo dialéctico y expresado en su obra magna «El capital»; *Charles De Gaulle* (1890-1970), militar y estadista francés, encabezó el Gobierno provisional de 1946 y promulgó la independencia de Argelia. Primer presidente de la V República en 1958 y reelegido dos veces, mantuvo una política exterior independiente de las superpotencias. Renunció en 1969 tras perder un plebiscito sobre la reforma del senado.

Catalina

Origen: griego / latín.
Significado: del nombre griego *Aikatharina*, latinizado como *Catharina*, «pura», «sin mancha».
Variantes: Catarina, Caty.
Onomástica: 29 de abril.

Santa Catalina de Siena fue una religiosa dominica, nacida en 1347 en esa ciudad de Italia. Venerada por sus visiones angélicas, éstas la impulsaron a intervenir en la política de la Iglesia. Evitó que Pisa se uniera a la Liga Toscana en contra del pontífice, e intervino en el retorno de la sede papal de

Aviñón a Roma. Autora de «El libro de la doctrina cristiana», murió en 1380 y fue canonizada en 1461.

Personajes célebres: *Catalina de Aragón* (1485-1536), princesa española que fue reina consorte de Inglaterra por su matrimonio con Enrique VIII, quien la hizo decapitar para poder casarse con Ana Bolena; *Catalina II* (1729-1796), emperatriz de Rusia de origen alemán que hizo asesinar a su esposo, Pedro III, para ocupar el trono en solitario y entregarse a una vida licenciosa; *Katharine Hepburn* (1909), actriz estadounidense de cine y teatro, que al promediar el siglo XX alcanzó fama por sus comedias junto a Spencer Tracy, protagonizó luego películas como «La fiera de mi niña», «De repente en el verano» o «La reina de África».

Cayetano/a

Origen: latín.
Significado: de *caiteanus*, «de la familia de Cayo».
Variante: Cayo.
Onomástica: 7 de agosto.

Nombre muy común en la antigua Roma, sobre todo en su variante Cayo (*Caius*). Recuperó presencia a partir de siglo XVI por la devoción a san Cayetano de Tiena, religioso italiano nacido en Vicenza en 1480, dentro de una familia aristocrática. Tras el Concilio de Trento combatió a los luteranos y dio muestras ejemplares de humildad y austeridad. Fundador de la institución de los Teatinos, murió en 1547 tendido en un lecho de cenizas.

Clemente

Origen: latino.
Significado: de *clemens*, «generoso», clemente».
Variantes: Clemencio/a, Clementino/a.
Onomástica: 23 de noviembre.

San Clemente de Roma fue un sacerdote cristiano al que el propio san Pedro ordenó papa a finales del siglo I. Su «Carta a los Corintios» es una pieza maestra de piedad, que consiguió conmover a sus destinatarios y hacerles obedecer a sus obispos. Murió en el año 97, probablemente como mártir. Su nombre ha sido adoptado luego por 14 pontífices, el último de los cuales ascendió al solio en 1769.

Clotilde

Origen: germánico.
Significado: de *hlod-hild*, «guerrero vencedor».
Variante: Clotilda.
Onomástica: 6 de mayo / 3 de junio.

Santa Clotilde de Borgoña, nacida en 475, era hija de Chilperico I, rey de los burgundios. A los 18 años contrajo matrimonio con el rey franco Clodoveo. Ferviente cristiana, obtuvo la conversión de su esposo, que dio pie a la extensión del cristianismo en Europa occidental. Al quedar viuda ingresó en un convento de Tours, donde murió en el 545.

Cosme

Origen: griego.
Significado: de *kosmetes*, «arreglado», «maquillado».
Variantes: Cósimo/a.
Onomástica: 26 de septiembre.

Antiguo nombre de la mitología griega derivado de *Kosmos*, «Universo», que era uno de los apodos de Júpiter. Como nombre del santoral rinde culto a san Cosme, mártir cristiano de origen árabe. Él y su hermano Damián fueron decapitados en Tiro en el 295 por orden de Diocleciano, en presencia del procónsul Lisias. Citados en el canon de la misa, son patronos de los cirujanos.

Cristóbal

Origen: griego.
Significado: de *christophoros*, «portador de Cristo».
Variantes: Cristóbulo, Cristóforo, Cristófano.
Onomástica: 25 de julio.

Poco se sabe de la vida de san Cristóbal, probablemente un familiar o allegado de Jesucristo. A raíz del significado de su nombre se cree que pudo haberle ayudado a portar la cruz, mientras otras versiones sostienen que cargaba sobre sus hombros a Jesús cuando era niño.
Personajes célebres: *Cristóbal Colón* (1451-1506), navegante genovés al servicio de la corona de Castilla, mundialmente célebre por haber sido en 1492 el primero (o uno de los primeros) en llegar al Nuevo Mundo. Son conocidas sus dificultades para financiar la expedición y las peripecias vividas en sus cuatro viajes a través del Atlántico. Murió creyendo que había encontrado una nueva ruta a las Indias y no un nuevo continente, que ni siquiera llevaría su nombre.

Damián/a

Origen: griego.
Significado: de *damianós*, «domador».
Variantes: Damiano/a.
Onomástica: 26 de septiembre.
(*Véase* san Cosme en este mismo apartado).

Diego

Origen: latín /griego.
Significado: de *Tiago*, variante de Santiago, influida por el griego *didachos*, «instruido».
Variante: Yago.
Onomástica: 14 de noviembre.

El nombre es una advocación a san Diego de Alcalá (1400-1463), fraile lego de la orden franciscana en España. Predicó el Evangelio en las islas Canarias y dio muestras de valor y abnegación durante una epidemia de peste en Roma. Más tarde se retiró al convento de su congregación en Alcalá de Henares, donde se le atribuyeron varios milagros.

Personajes célebres: *Diego Rivera* (1886-1957), destacado muralista mexicano nacido en Guanajuato. Inspirado en el arte maya y las coloridas pinturas populares, decoró diversos edificios en México y Estados Unidos con sus magníficas obras. Entre ellas destacan los murales del Hotel del Prado, el Palacio Nacional y el estadio de la Ciudad Universitaria, así como las que realizó en Detroit, San Francisco y Nueva York.

Domingo/a

Origen: latín.
Significado: de *dominicus*, «perteneciente al Señor».
Variantes: Doménico, Dominica.
Onomástica: 8 de agosto.

Como nombre personal puede referir tanto al significado indicado, como a uno de los tres santos españoles que lo llevaron: santo Domingo de la Calzada; santo Domingo de Silos y santo Domingo de Guzmán. Este último (1170-1221), fue un religioso burgalés, fundador de la Orden de los dominicos y, según la tradición, instituyó la devoción del Rosario.

Personajes célebres: *santo Domingo de Silos* (1000-1073), religioso dominico español. Siendo prior del convento riojano de San Millán de la Cogolla, fue amenazado por García de Navarra, y huyó a la corte castellana. Allí Fernando I le encomendó el priorato de San Sebastián de Silos, que él restauró y dirigió durante más de 30 años. En su memoria, el convento tomó el nombre de Santo Domingo.

Edmundo/a

Origen: germánico.
Significado: de *hrod-mund*, «protector del tesoro».
Variantes: Edmund, Edmondo/a.

Onomástica: 20 de noviembre.

Nombre muy difundido en Gran Bretaña, como advocación a san Edmundo Rich, religioso inglés del siglo XIII que fue arzobispo de Canterbury y profesor de teología en Oxford y en París. Escribió el tratado litúrgico *Speculum Ecclesiae* y murió en 1240, siendo canonizado seis años después por el papa Inocencio IV.

Personajes célebres: *Edmundo de Amicis* (1846-1908), escritor italiano, su libro de relatos «Corazón», escrito para inculcar la idea de la unidad de Italia, tuvo un resonante éxito en el público infantil de todo el mundo; *Edmund Husserl* (1859-1938), filósofo y matemático alemán, fundador de la fenomenología; *Edmond Rostand* (1868-1918), poeta y dramaturgo francés, célebre por su obra teatral «Cyrano de Bergerac», es autor también de «La samaritana» y «El Aguilucho».

Eduardo

Origen: germánico.
Significado: de *hrod-ward*, «Guardián famoso».
Variantes: Edu, Eduarda.
Onomástica: 5 de enero / 18 de marzo.

Nombre de gran difusión en Inglaterra, se extendió rápidamente a otros países y lenguas. Como nombre cristiano es advocación de san Eduardo el Confesor, devoto príncipe cristiano que en 1042 se convirtió en rey de los anglosajones. De carácter pacífico, sus adversarios aprovecharon su retraimiento y timidez para dificultar su gobierno. Murió en 1066 y fue canonizado por su piadoso rechazo a la guerra y la violencia. Uno de sus antecesores fue san Eduardo mártir, que en el siglo X murió asesinado por instigación de su propia suegra.

Personajes célebres: *Edouard Manet* (1832-1883), pintor francés, uno de los fundadores del impresionismo, su obra más famosa es la «Merienda campestre»; *Edvard Grieg* (1843-1907), compositor noruego, uno de los mejores exponentes del nacionalismo musical, compuso obras notables como su «Concierto para piano en La menor»; *Edward «Duke» Ellington* (1899-1974), compositor y pianista estadounidense, una de las figuras míticas en la historia del jazz. Gran innovador de ese género musical, adaptó ritmos latinos y piezas clásicas. Entre sus obras destacan «Caravan», «Take the train» y «New Orleans Suite».

Emma

Origen: germánico.
Significado: del dios nórdico *Ermin*.
Variante: Imma.
Onomástica: 19 de abril.
Resultado de la fusión entre *Ermin* y el apócope de *Emmanuela*, tomó hace siglos entidad independiente como nombre propio. La variante Imma no debe confundirse con Inma, que refiere a la Inmaculada Concepción de la Virgen María.
Santa Emma era en el siglo XI una dama noble en la región austriaca de Carintia. Después de quedar viuda y perder también a su hijo, dedicó toda su fortuna a erigir conventos y parroquias, labor que continuó hasta su muerte en el año 1045.
Personajes célebres: *Emma* (siglo VIII), princesa carolingia, hija de Carlomagno, que pasó a la historia por sus tormentosos amores con Eginardo (*Einhard*), cronista de la corte y primer biógrafo del gran rey franco.

Ernesto

Origen: germánico.
Significado: de *ernust*, «batalla».
Variantes: no tiene.
Onomástica: 7 de noviembre.

San Ernesto era un monje benedictino del siglo XII, que ejerció como Prior en la abadía alemana de Zwiefalten. En 1146 renunció a ese cargo para unirse al emperador germánico Conrado III en la campaña de la Segunda Cruzada.
La conocida comedia de Oscar Wilde «La importancia de llamarse Ernesto» juega con la similitud entre el nombre inglés *Ernest* y la palabra earnest (listo, inteligente), que oralmente se pronuncian igual.

Personajes célebres: *Ernest Hemingway* (1899-1961), escritor estadounidense, representante de la novela inspirada en hechos de actualidad, es autor de «Por quién doblan las campanas», «El viejo y el mar» y «París era una fiesta»; *Ernesto Sábato* (1911), escritor argentino, autor del «Informe Sábato» sobre los crímenes de la dictadura militar en su país y de novelas como «El túnel», «Sobre héroes y tumbas» o «Abbadón el exterminador»; *Ernesto Guevara*, llamado el «Che» (1928-1967), político y guerrillero argentino que formó parte del grupo dirigente de la Revolución Cubana, renunció como ministro de Industria de Fidel Castro para organizar un foco rebelde en la selva boliviana. Apresado por el ejército, fue ejecutado el 9 de octubre de 1967.

Estanislao

Origen: eslavo polaco.
Significado: de *stan*, «gloria» y *slaf*, «insigne».
Variantes: Estanis, Estanislado.
Onomástica: 11 de abril.

San Estanislao de Kotska fue un prelado polaco, obispo de la diócesis de Cracovia en el siglo XI, que murió martirizado en 1079. Según una tradición, fue asesinado mientras daba la Comunión en la iglesia de San Miguel; de acuerdo a otra versión, fue ejecutado por desmembramiento. Es el patrono de Polonia.

Esteban

Origen: griego.
Significado: de *stephanos*, «victorioso», «coronado de laurel».
Variantes: Estéfano, Estefanía.
Onomástica: 26 de diciembre.

San Esteban fue uno de los primeros siete diáconos de la Iglesia, y uno de sus protomártires. Acusado de maldecir el nombre de Moisés, fue llevado ante el sanedrín, que lo condenó a morir lapidado con el consentimiento de

Saulo (nombre de san Pablo antes de su conversión). Este hecho provocó la primera persecución contra los cristianos en Jerusalén.

Personajes célebres: *Estéphanie Marie Grimaldi,* llamada «Estefanía de Mónaco» (1965), hija menor de los príncipes Rainiero III y Grace de Mónaco (la ex actriz Grace Kelly), ha probado suerte en el mundo de la moda y el de la canción. De agitada vida sentimental, en 1995 contrajo matrimonio con su guardaespaldas Daniel Ducret, con el que ya había tenido dos hijos, para divorciarse de él al año siguiente.

Eulalia/o

Origen: griego.
Significado: de *eu-lalios,* «elocuente», «de buen hablar».
Variantes: Olalla, Olaria, Olea.
Onomástica: 10 de diciembre / 12 de febrero.

Santa Eulalia, copatrona de Barcelona, murió martirizada en esa ciudad en el año 304, durante las persecuciones de Diocleciano y de Maximiano. Su devoción y el uso de su nombre se hicieron populares en Cataluña, y a partir de finales del siglo IX se extendieron al resto de España y Europa.

Félix

Origen: latín.
Significado: de *felix,* «feliz».
Variantes: Felicio/a, Felio/a.
Onomástica: 29 de mayo / 20 de noviembre.

Nombre llevado por cuatro pontífices, tres de ellos santos y uno antipapa. El más conocido es san Félix de Valois, un ermitaño del siglo XII que en 1197 fundó la orden de los trinitarios, cuya misión era rescatar a los cristianos que los moros habían hecho prisioneros en las Cruzadas. Murió en el monasterio de Certfroid en 1212, a los 85 años.

Personajes célebres: *Felix Mendelssohn-Bartholdy* (1809-1847), compositor y director de orquesta alemán nacido en Hamburgo, en 1827 rescató y dirigió en Berlín «La pasión según san Mateo» de J. S. Bach. Entre sus principales obras destacan la «Sinfonía Italiana en La mayor» y la «Sinfonía escocesa en La menor», así como dos notables oratorios: «Paulus» y «Elías». Compuso también conciertos para piano y para violín.

Fermín/a

Origen: latín.
Significado: de *Firminus*, hijo de *Firmo*, «de fe firme».
Variantes: no tiene.
Onomástica: 7 de julio.

San Fermín, patrono de Pamplona, fue el primer obispo de Amiens cuando se estableció esa importante diócesis del siglo IV. Según unos escritos del siglo IX, era hijo del senador iruñés Firmo, convertido al cristianismo por san Saturnino. A los 17 años el joven Fermín era ya un predicador notable, y a los 24 fue nombrado obispo de Amiens. Durante el trayecto se detuvo a predicar en Aquitania y Auvergne, obteniendo numerosas conversiones. Lo mismo consiguió en su sede episcopal de Amiens, ciudad famosa por el mal trato a los cristianos, donde finalmente el gobernador Lóngulo lo hizo asesinar fingiendo luego que el obispo había muerto de un ataque al corazón. La celebración de su fiesta en Pamplona es un acontecimiento popular y turístico.

Francisco/a

Origen: latín.
Significado: de *francesco*, «francés», sobrenombre dado a san Francisco por su padre.
Variantes: Francis, Francina.
Onomástica: 4 de octubre.

San Francisco es uno de los santos más queridos e invocados del cristianismo. Nacido en Asís en 1182 y de apellido Bernardone, a los 24 años tuvo una visión que lo llevó a recluirse como ermitaño. Inició luego un apostolado de humildad y pobreza que le acercó numerosos discípulos, con los que fundó una congregación mendicante. Amigo y protegido del cardenal Ugolino (el futuro papa Gregorio IX), éste influyó en el reconocimiento de su Orden y en la autorización de Honorio III para que fuera a catequizar a los musulmanes. De regreso de Oriente, contrariado por ciertos cambios habidos en la Orden sin su autorización, volvió a su vida de eremita y en esos años compuso su «Cántico al sol». Murió en 1226 y fue canonizado dos años después por su amigo el papa Ugolino.

Personajes célebres: *san Francisco de Sales* (1567-1622), prelado francés y Doctor de la Iglesia, perteneciente a una familia noble, fundó la Orden de la Visitación, fue nombrado obispo de Annecy en 1602 y es autor de «Introducción a la vida devota» y «Tratado del amor de Dios»; *Francisco I* (1494-1647); rey de Francia, pretendiente al trono imperial que finalmente obtuvo Carlos V de Alemania (Carlos I de España), mantuvo una fuerte competencia con el monarca Habsburgo, que los llevó a dos guerras en Italia, durante las cuales se produjo el tristemente célebre saqueo de Roma. Desafortunado en los combates y en los tratados de paz, el soberano francés renunció a sus aspiraciones territoriales en Flandes, Nápoles y Sicilia, que siguieron en manos de su rival.

Froilán

Origen: germánico.
Significado: de *frauji*, «señor», y *land*, «tierra».
Variantes: no tiene.
Onomástica: 5 de octubre.

Nombre llevado por un rey godo de Asturias, su empleo por los cristianos proviene de san Froilán, anacoreta asturiano que vivió entre los siglos IX y X. Alrededor del año 900 dejó su retiro en el monte Curueño al ser designado obispo de León, ciudad que lo venera como santo patrón.

Genoveva

Origen: germánico.
Significado: de *gen*, «origen», y *wyfa*, «mujer»: «mujer original, modélica».
Variantes: Guenevere, Ginebra/o, Junípero/a.

Onomástica: 3 de enero.

Nombre muy difundido en la Edad Media, en razón del culto a santa Genoveva y a la leyenda popular de Genoveva de Brabante. También es legendaria la variante Ginebra, esposa del rey Arturo que mantuvo un amor secreto
con el caballero Lanzarote. El masculino Junípero fue portado por un fraile
compañero de san Francisco y por el franciscano español Junípero Serra,
que en el siglo XVIII catequizó en California y es considerado una de los padres fundadores de esa región de los Estados Unidos.

Personajes célebres: *santa Genoveva* (422-502), patrona de París, que cuando en 451 los hunos amenazaron la ciudad, impidió que sus habitantes huye-
ran y consiguió que las hordas se retiraran; *Genoveva de Brabante* (siglo XI?),
protagonista de la «Leyenda áurea» y esposa del conde Sigfrido; mientras éste
combatía en las cruzadas ella rechazó los intentos de seducción del mayordo-
mo Golo, que al regreso de su amo la acusó de adulterio. Condenada a muerte,
los verdugos se apiadaron de ella y la abandonaron en un bosque, adonde fue a
buscarla Sigfrido al probarse su inocencia.

Gerardo/a

Origen: germánico.
Significado: de *gair*, «lanza» y *hard*, «fuerte».
Variantes: Geraldo/a.
Onomástica: 23 de abril.

San Gerardo fue un religioso del siglo X, que llegó a obispo de la diócesis
alemana de Toul, cuya catedral mandó construir. Mejoró la formación de
monjes y clérigos y se ocupó de los más necesitados a través de sabias leyes
y disposiciones. Se le atribuye el milagro de haber evitado la peste con sus
oraciones. También integra el santoral san Gerardo Sagredo, que fue obispo
de Panonia y luego catequizó en Hungría.

Germán

Origen: germánico.
Significado: de *gair-mann*, «lancero».

Variantes: Germano/a, Herman.
Onomástica: 7 de abril.

Nombre proveniente del pueblo bárbaro que los romanos llamaban *germanus*, se extendió en el cristianismo a partir de san Germán, religioso francés que fue obispo de París entre 555 y 576, cuya memoria honra la parroquia parisina de Saint-Germain-des-Prés.
Personajes célebres: *Germán Arciniegas* (1900-1999), periodista, diplomático y ensayista colombiano, vinculado al diario «El Tiempo» de Bogotá, representó a su país en Londres, Buenos Aires, París, Tel Aviv, Caracas y la Santa Sede, ocupando también una banca parlamentaria y la cartera de Educación. En su obra destacan «El estudiante en la mesa redonda», «Biografía del Caribe» y «Entre la libertad y el miedo».

Gervasio

Origen: germánico.
Significado: de *gair-bald*, «hábil con la lanza».
Variantes: Girbal, Gervadio.
Onomástica: 19 de junio.

El uso cristiano de este nombre proviene de la devoción a san Gervasio, martirizado en el siglo IV junto a san Protasio. Los presuntos restos de ambos, hallados por san Ambrosio en 387, constituyeron reliquias que difundieron su culto entre los fieles de la Iglesia latina.

Gregorio/a

Origen: griego.
Significado: de *gregorion*, «vigilante».
Variante: Goyo (fam.)
Onomástica: 3 de septiembre.

Nombre muy prestigiado en la historia del cristianismo, portado por nueve santos y dieciséis pontífices, de los cuales cuatro han sido también canonizados: los tres primeros y san Gregorio VII, protagonista de la «Guerra de las investiduras» que en el siglo XI lo enfrentó a Enrique IV. Gregorio I Magno (540-604) implantó en la liturgia el «canto gregoriano» y Gregorio XIII (1502-1585) consagró el calendario que se utiliza desde entonces en el Occidente cristiano.

Personajes célebres: *san Gregorio Taumaturgo,* llamado «El apóstol de Capadocia» (213?-270), convertido al cristianismo por Orígenes, fue obispo de Neocesarea y asombró por su capacidad para realizar milagros; *Grigori Yefimovich,* apodado «Rasputín» (1872-1916), aventurero y supuesto monje ruso que ejerció una influencia nefasta sobre del zar Nicolás II y la zarina Alejandra; llegó a alcanzar tanto poder detrás del trono que la aristocracia palaciega tramó un complot para darle muerte; *Gregorio Marañón* (1887-1960), médico y ensayista español, especializado endocrinología, publicó varias obras científicas fruto de sus investigaciones sobre esa materia. Como escritor es autor de «Amiel, un estudio sobre la estupidez», «El conde-duque de Olivares», y «El Greco y su tiempo», entre otras obras de espíritu humanístico.

Gustavo/a

Origen: escandinavo.
Significado: probablemente de *gund-staf*, «cetro del guerrero».
Variantes: Gustavino/a, Gosta (*masc.*)
Onomástica: 7 de octubre.

Nombre muy difundido en los países nórdicos, llevado por varios reyes de Suecia. Se ha extendido a otras lenguas y regiones, a veces por contagio con Augusto, al punto de resultar en algún caso equivalentes.

Personajes célebres: *Gustavo Adolfo Bécquer* (1836-1870), poeta romántico español nacido en Sevilla, sus «Rimas» llegaron a alcanzar una enorme popularidad entre el gran público, así como las «Leyendas» y otras obras líricas; de salud delicada, murió de tuberculosis a los 34 años; *Gustav Mahler* (1860-1911), compositor y director de orquesta austriaco, en este papel recorrió con gran éxito las principales capitales del mundo. Es autor de diez piezas sinfónicas y numerosos *lieder* (canciones líricas), entre ellos «Canciones de los niños muertos» y «El canto de la tierra».

Hugo

Origen: germánico escandinavo.
Significado: de *hugh*, «buen juicio».
Variantes: Hugolino/a, Hugocio/a.
Onomástica: 1 de abril.

Nombre referido a uno de los cuervos que aconsejaban al dios Odín, se extendió a los países germánicos y latinos con las invasiones normandas. El catolicismo lo asumió a partir de san Hugo de Grenoble, cartujo francés designado obispo de esa ciudad en 1080, cargo que mantuvo durante más de medio siglo. Discípulo y compañero de san Bruno, honró su obra y su orden monacal construyendo la Gran Cartuja de Grenoble. San Hugo murió en 1133, y su sobrino nieto del mismo nombre, abad de Bonnevaux, ingreso también al santoral como beato, con fiesta el 11 de junio.

Humberto/a

Origen: germánico.
Significado: de *hunn*, «oso» y *berth*, «célebre».
Variantes: Umberto/a. (errónea: Huberto).
Onomástica: 25 de marzo.

San Humberto era un noble francés del siglo VII, que en su juventud llevó una vida de lujo, placeres y vicios. Pero más tarde se arrepintió de tantos pecados e ingresó en la abadía de Merolles, donde dio ejemplo de austeridad, oración penitencia hasta su muerte en el 680.
Personajes célebres: *Umberto Eco* (1932), escritor y semiólogo italiano nacido en Alessandria, es autor de numerosos trabajos sobre filosofía del lenguaje y comunicación de masas. Como literato ha publicado novelas de gran éxito, entre ellas «El nombre de la rosa» y «El péndulo de Foucault».

Ignacio

Origen: latín.
Significado: de *igneus*, «ardiente», «fogoso».
Variantes: Íñigo, Iñaki.
Onomástica: 31 de julio.

Nombre posiblemente asimilado por el latín de la voz griega *en-e-kos* «lugar en pendiente», que dio el antiguo nombre Éneko, y de éste Íñigo, que en euskera pasó a ser Iñaki. Su uso en el cristianismo se extendió a partir de san Ignacio de Loyola, fundador de la Compañía de Jesús en 1534. Hubo también un san Ignacio de Antioquía entre los primeros mártires cristianos, arrojado a las fieras del circo durante el reinado de Trajano; y san Ignacio de Constantinopla, que en el siglo IX fue patriarca de esa ciudad, donde presidió el VIII Concilio Ecuménico.

Personajes célebres: *san Ignacio de Loyola* (1491-1556), religioso español perteneciente a una noble familia de Azpeitia (Guipúzcua). Los libros piadosos que leyó convaleciente de unas heridas de guerra lo indujeron a profesar la religión. Estudió en Barcelona, Alcalá de Henares y París, donde con un grupo de amigos, entre los que se contaba san Francisco Javier, fundó en Montmartre el germen de la Compañía de Jesús.

En 1540 el papa Paulo III aprobó los estatutos, y los jesuitas se extendieron por el mundo como adalides de la Contrarreforma, mientras su superior general sufría la hostilidad de Paulo IV. Ignacio de Loyola dejó escritas numerosas cartas, una «Autobiografía» y las «Constituciones».

Inés

Origen: griego.
Significado: de *agnos*, «cordero», y por extensión «pura», «sin mancha».
Variante: Agnés.
Onomástica: 21 de enero.

Santa Inés fue una doncella romana del siglo IV, que con 13 años se negó a entregarse al hijo del pretor. Como represalia Diocleciano la condenó a ser arrojada a un prostíbulo, pero a pesar de su belleza los hombres no se acercaron a ella. Cuando esto llegó a oídos del emperador, ordenó que fuera decapitada por brujería. Desde entonces se la consideró símbolo de virginidad y pureza.

Personajes célebres: *Inés de Castro* (1320-1355), dama española nacida en Galicia, fue amante del infante de Portugal, más tarde Pedro I, con el que se casó en secreto. Temeroso de que ese matrimonio fundara una dinastía bastarda, Alfonso IV consiguió que el Consejo de Estado la condenara a muerte. Al subir al trono Pedro la hizo coronar y ordenó que sus restos se trasladaran al panteón real. Esta historia inspiró obras como «Reinar después de morir», de Vélez de Guevara; y «La reina muerta», de Henri de Montherlant; además del tercer canto de «Os Lusíadas» de Luis de Camôes, obra magna de la poesía portuguesa.

Irene

Origen: griego.
Significado: de *eiréne*, «paz».
Variantes: Irina, Ireneo.
Onomástica: 5 de abril / 20 de octubre.

Nombre muy popular en Grecia, adoptado por el cristianismo para honrar a santa Irene, monja portuguesa del siglo VI. Según la tradición popular, unos gamberros atraídos por su notable belleza intentaron violarla, y ante su denodada resistencia la arrojaron al río Tajo.

Personajes célebres: *san Ireneo* (130-208), religioso nacido en Asia Menor, designado obispo de Lyon en el año 190, destacó por su oposición a la Pascua oriental y su lucha contra los gnósticos; es autor de un «Tratado contra las herejías»; *Irene de Monferrato*, llamada «Yolanda» (1271-1315), emperatriz de Bizancio casada con Andrónico II, se opuso a que éste designara único sucesor al hijo que había tenido con Ana de Hungría y propuso un reparto entre todos los vástagos del emperador. Al no conseguir su propósito, se retiró a Tesalónica.

Isabel

Origen: sumerio / hebreo.
Significado: de *ezi-Bel*, «Baal es salud» adoptado como *Eli-zabad*, «Dios nos da».
Variantes: Isabela, Jezabel, Isabelina, Sabelio.
Onomástica: 5 de noviembre / 4 de julio (Isabel de Hungría).

Esta voz es un ejemplo de la influencia de lenguas vecinas en el hebreo antiguo. El nombre babilónico que honraba al gran dios pagano, se asimiló por semejanza fonética con el nombre hebreo que honra al Dios de Israel. Uno dio «Isabel» y el otro «Elisabeth», que aunque hoy se tratan como equivalentes tienen distinto origen.
La primera onomástica corresponde a santa Isabel, pariente de la Virgen María y madre de san Juan el Bautista, cuyo nombre portaron numerosas reinas y princesas de dinastías europeas y otras personalidades ilustres, como Isabel de Hungría, Isabel de Aragón, Isabel I de Castilla, Isabel Farnesio, Isabel I de Inglaterra, Isabel Clara Eugenia, Isabel de Braganza, y la actual reina de Inglaterra, Isabel II.
Personajes célebres: *Isabel I de Castilla,* llamada «la Católica» (1451-1504), reina de Castilla, coronada en 1474, cinco años antes se había casado en secreto con el infante Fernando de Aragón, y cuando éste subió al trono unieron ambos cetros como germen del actual Reino de España. Bajo el título de «Reyes Católicos» conquistaron el reino nazarí de Granada, último reducto de la presencia árabe en la Península; firmaron el decreto que obligaba a la conversión o expulsión de los judíos; y propiciaron el viaje de Cristóbal Colón al Nuevo Mundo, que fue la base del gran Imperio español de ultramar.

Isidoro

Origen: griego.
Significado: de *Isis-doron*, «don de Isis».
Variante: Isidro.
Onomástica: 4 de abril.

La procedencia griega de este nombre se debe a que el culto de la diosa lunar egipcia se extendió a Grecia y Roma. Como nombre cristiano es advocación de san Isidoro de Sevilla, erudito Doctor de la Iglesia que fue obispo de esa ciudad en los comienzos del siglo VII. Educado por su hermano san Leandro, en 601 sucedió a éste en la diócesis sevillana y se constituyó en una de las grandes figuras intelectuales de la alta Edad Media. Entre sus numerosas obras son célebres las «Etimologías», que en veinte tomos resumen todo el saber de ese tiempo, junto con las «Diferencias». Como teólogo reunió las ideas de san Agustín y de Gregorio I, recuperando y ordenando la mejor tradición del pensamiento cristiano. Murió en el año 636.

Personajes célebres: *Isidoro de Mileto* (siglo VI), arquitecto bizantino que junto con Antemio de Tralles construyó la catedral de Santa Sofía en Constantinopla (hoy, Estambul).

Isidro

Origen: latín.
Significado: como Isidoro.
Variantes: Isidoro/a.
Onomástica: 15 de mayo.

Apócope del nombre grecolatino Isidoro, en la onomástica cristiana es advocación de san Isidro Labrador (1070-1130), campesino español nacido en las proximidades de Madrid, fundador de una cofradía dedicada a la adoración del Santísimo Sacramento. Es patrono de la capital de España, en cuya catedral homónima se veneran sus restos incorruptos.

Jaime

Origen: hebreo.
Significado: variante de Santiago (*véase* en Nuevo Testamento).
Variantes: Jacobo, Iago, Tiago, Yago.
Onomástica: 25 de julio.

De las muchas variantes de Santiago, ésta es sin duda la más difundida en el cristianismo europeo, incluyendo la versión francesa Jacques, la italiana

Giácomo y la inglesa James, es nombre que han portado numerosos reyes y personajes históricos.

Personajes célebres: *Jaime I el Conquistador* (1208-1276), rey de la Corona de Aragón, hijo de Pedro II, debe su sobrenombre a haber conquistado para su trono las islas Baleares y luego, a instancias de los nobles de Lérida y Aragón, tomó Valencia (1238). Casado con Violante de Hungría, en sus últimos años asistió a las disputas entre sus hijos por la sucesión del reino.

Javier/a

Origen: euskera.
Significado: de *etxe-berri*, «casa nueva».
Variante: Xavier, Saverio.
Onomástica: 3 de diciembre.

El significado vasco alude al castillo donde nació en 1506 san Francisco Javier, cuya piadosa obra misionera en Oriente inspiró el uso de este nombre en el mundo cristiano. Hijo de una familia noble arruinada, marchó a estudiar a París, donde conoció a Ignacio de Loyola y colaboró con él en la fundación de la Compañía de Jesús. En 1542 fundó las primeras misiones cristianas en la India, y de allí pasó varios años en Japón. Dispuesto a evangelizar en China embarcó hacia Cantón, pero murió en la travesía en 1552.

Personajes célebres: *Xavier Cugat* (1900-1990), violinista y director de orquesta catalán, a mediados del siglo XX intervino en numerosos filmes musicales de Hollywood imponiendo una versión propia de ritmos brasileños y tropicales; *Xabier Arzallus* (1932), político nacionalista vasco nacido en Azpeitia, diputado del PNV desde 1977 y presidente de ese partido desde 1985, representa a su ala más tradicionalista y conservadora.

Jerónimo

Origen: griego.
Significado: de *hiero-nimos*, «nombre santo».
Variante: Gerónimo.
Onomástica: 30 de de septiembre.

San Jerónimo es Padre y Doctor de la Iglesia, nacido en el 374 en el seno de una rica familia cristiana. Cursó estudios en Roma, se interesó por la cultura clásica, y pasó luego un largo tiempo como anacoreta en el desierto de Antioquia. Designado secretario del papa san Dámaso, inició sus trabajos sobre las Escrituras, que darían como fruto la famosa versión *Vulgata* de la Biblia. Al morir su protector Jerónimo se estableció en Belén, donde murió en el 420.

Personajes célebres: *Hieronymus Bosch*, llamado «El Bosco» (1450-1516), pintor flamenco, renovó el arte de su tiempo con sus personajes caricaturescos que reflejaban el universo medieval aterrado por los demonios y la locura, en obras como «La nave de los locos» y «El jardín de las delicias»; *Gerónimo* (1829-1909) jefe de los indios apaches norteamericanos que se enfrentó al ejército de los Estados Unidos. Derrotado en 1883 fue enviado a una reserva de la que escapó, para finalmente entregarse por su propia voluntad en 1886.

Jorge

Origen: griego.
Significado: del nombre griego *Georgos*, derivado de *ge-ergon*, «agricultor».
Variantes: Georgia, Georgina, Jorgina.
Onomástica: 23 de abril.

Nombre muy extendido en Europa, América y el Mundo Árabe (*Yusuf*), lo han llevado seis reyes de Inglaterra, dos de Grecia y uno de Sajonia. Se implantó como nombre cristiano en advocación de san Jorge, mártir legendario del siglo IV cuyo sepulcro en Palestina fue muy venerado durante las Cruzadas. De allí que se lo represente vestido de caballero medieval alcanzando un dragón, mientras empuña su estandarte con una cruz escarlata sobre fondo blanco. San Jorge es patrono de Inglaterra, Rusia, Portugal y Cataluña.

Personajes célebres: *George Washington* (1732-1799); militar y político estadounidense, el mayor héroe de la independencia de ese país, luchó contra los franceses en Canadá y derrotó definitivamente al ejército inglés en 1781; primer presidente constitucional entre 1789 y 1796, renunció a un tercer mandato para retirarse a la vida privada; *George Gordon, Lord Byron* (1788-1824); poeta británico, precursor del romanticismo y figura legendaria de la literatura europea, recorrió España, Portugal, Grecia y

Turquía, fue expulsado de Inglaterra por sus ataques al *stablishment* y murió a los 36 años, mientras colaboraba en la lucha contra el Imperio turco; en su obra poética destacan «Los cuentos de Childe Harold» y su magnífica «Don Juan»; *Jorge Luis Borges* (1899-1986), escritor argentino, reconocido como uno de los hitos de la literatura universal del siglo XX, publicó ensayos cultistas de rasgos esotéricos y renovó el cuento fantástico con obras como «Inquisiones», «Historia Universal de la infamia», «El jardín de los senderos que se bifurcan» y «El Aleph».

Leandro/a

Origen: griego.
Significado: de *leo-ander*, «hombre león».
Variantes: no tiene.
Onomástica: 13 de noviembre.

Antiguo nombre helénico, que algunos estudiosos atribuyen a una deformación de Alejandro. En el santoral cristiano corresponde a san Leandro, religioso español del siglo VI, hermano mayor y antecesor de Isidoro de Sevilla (*véase* en este mismo apartado) al frente de esa diócesis andaluza. Combatió la herejía arriana y participó en el III Concilio de Toledo, en defensa de la unidad católica de España.

Lorenzo/a

Origen: latín.
Significado: de *laurencius*, «victorioso».
Variantes: Laurencio/a.
Onomástica: 10 de agosto.

San Lorenzo fue un diácono de la Iglesia de Roma en el siglo III. De familia adinerada,
Según la tradición popular repartió todas sus riquezas entre los pobres. Murió mártir, quemado vivo sobre unas parrillas ardientes. En el siglo XVI Felipe II dedicó a san Lorenzo el monumental monasterio de El Escorial,

cuya planta tiene forma de parrilla, por haber ganado la batalla de San Quintín en un día 10 de agosto.

Personajes célebres: *Lorenzo de Médicis*, llamado «El Magnífico» (1149-1492), miembro de esa poderosa familia florentina, heredó de su padre el gobierno de la ciudad Estado en 1469, superó la conjura tramada contra los Médicis por el papa Sixto IV, llevó a Florencia la paz y la prosperidad, destacando como mecenas de numerosos literatos y artistas célebres; *Thomas E. Lawrence*, llamado «Lawrence de Arabia» (1888-1935), aventurero, espía y escritor británico, asesor del ejército árabe de liberación, comandó la toma de Al-Aqaba y entró en Damasco con el general Allenby, influyendo en la partición de los territorio de Medio Oriente arrebatados al Imperio otomano; murió en un accidente de moto y dejó una obra parafilosófica: «Los siete pilares de la sabiduría»; *Laurence Olivier* (1907-1989), actor británico de teatro y cine de formación shakespeareana, destacó en filmes como «Cumbres borrascosas», «Rebeca» o «El príncipe y la corista». En 1944 obtuvo un Oscar especial por la dirección e interpretación de «Enrique IV», que con «Hamlet» y «Ricardo III» forman su magnífica trilogía de obras de Shakespeare llevadas a la pantalla.

Lucía/o

Origen: latín.
Significado: de *lucens*, «luciente», «resplandeciente».
Variantes: Lucio, Luciano/a, Lucinio/a, Lucila, Lucinda.
Onomástica: 13 de diciembre.

Santa Lucía fue una joven mártir cristiana del siglo III nacida en Siracusa, a la que según la leyenda le arrancaron los ojos en el tormento. Sus reliquias se encuentran hoy repartidas entre Constantinopla y Venecia, donde se la venera como patrona de los ciegos.

«Lucía de Lammermoor» es una conocida ópera de Gaetano Donizetti, ubicada en la Escocia del siglo XVII, que narra una trágica historia de amor.

Personajes célebres: *Lucio Anneo Séneca* (3 a. C.-65 d. C.), filósofo y político romano, miembro de una ilustre familia cordobesa y tío del poeta Lucano, destacó en el Senado de Roma como orador y abogado, fue maestro y consejero de Nerón, hasta que por participar en una conjura contra éste fue obligado a cortarse las venas; *santa Lucía de Sampigny* (siglo XI), devota pastora francesa, que según su leyenda de pronto se encontró dueña de las tierras donde pastaban sus rebaños. Como acto de fe y agradecimiento hizo erigir una iglesia en el lugar ocupado por el establo del ganado.

Luis/a

Origen: germánico / latín.
Significado: de *hluot-wig*, «batalla triunfal», latinizado como *Ludovicus*.
Variantes: Lilí, Lucho (*fam.*)
Onomástica: 21 de junio.

Nombre muy extendido en Europa desde la alta Edad Media, su versión latina interactuó con otras lenguas para producir derivados como Aloísio (*Aloysius*) o Eloy (*Eligius*). Su devoción cristiana en los países francófonos proviene de san Luis IX, rey de Francia entre 1226 y 1270, hijo de Luis VIII y Blanca de Castilla, que ganó su santidad organizando la séptima y octava Cruzada. En Italia y los países hispanohablantes el nombre suele ser advocación a san Luis Gonzaga, jesuita italiano nacido en 1568, que sacrificó su vida en Roma a los 24 años contagiado por los enfermos de peste a los que atendía. Fue canonizado por Benedicto XIII y consagrado como patrono de la juventud.
Personajes célebres: *Luis XIV,* llamado «El Rey Sol» (1638-1715), rey de Francia, el más alto exponente del absolutismo ilustrado, llevó a su país al máximo apogeo pero el exceso de ambición motivó que lo dejara exhausto y sumido en una crisis social y económica, al morir tras más de 70 años en el trono; *Luis Pasteur* (1822-1895), químico y bacteriólogo francés, considerado el fundador de la microbiología, descubrió las vacunas contra la rabia, el carbunco y la erisipela, desarrolló un método para eliminar los microorganismos sometiéndolos a altas temperaturas («pasteurización»), y sentó las bases de la asepsia sanitaria; *Luigi Pirandello* (1867-1936) escritor y dramaturgo italiano que renovó la narrativa y el teatro de su tiempo, autor de novelas como «El difunto Matías Pascal» y piezas dramáticas como «Seis personajes en busca de autor», «Enrique IV», o «Esta noche se improvisa».

Madrona

Origen: latín.
Significado: de *matrona*, «madre de familia».
Variantes: no tiene.
Onomástica: 15 de marzo.

La historia de santa Madrona es muy popular en Cataluña, donde comparte con santa Eulalia el patronazgo de Barcelona. Según la versión más aceptada era una institutriz cristiana de una rica familia judía de Tesalónica, y su patrón la mató a palos por negarse a abjurar de su fe. Su cuerpo se colocó en una barca que fue empujada hacia el mar, llegando milagrosamente a las orillas de la ciudad condal.

Martín/a

Origen: latín.
Significado: de *martinus*, «perteneciente a Marte», aludiendo al dios de la Guerra.
Variantes: Martiniano/a.
Onomástica: 3/11 de noviembre.

Nombre de raigambre romana, se difundió en el cristianismo a partir de la figura de san Martín de Tours, religioso francés nacido en el 316. Según la tradición a los 18 años entregó su capa a un mendigo, durante la travesía a Amiens para recibir el bautismo. Su obra como obispo de Tours obtuvo la implantación del cristianismo en toda la Galia occidental, donde fundó parroquias y monasterios. Murió en el 397 en su sede episcopal.
Personajes célebres: *Martín Lutero* (1483-1546); agustino y teólogo alemán, propulsor del cisma reformista, criticó duramente la simonía extendida en la Iglesia romana y estableció la teoría y doctrina del protestantismo luterano; *Martin Scorcese* (1942), director de cine ítaloamericano, autor de películas de fuerte carga dramática como   «Taxi driver», «Toro salvaje» o «El cabo del miedo».

Matilde

Origen: germánico.
Significado: de *maht-hild*, «vigoroso guerrero».
Variantes: Mafalda, Matilda, Maud (francés).
Onomástica: 14 de marzo.

Santa Matilde fue una ilustre dama alemana del siglo X, nacida en Westfalia, a la que el rey Enrique I propuso matrimonio haciéndola emperatriz del Sacro Imperio. Durante las ausencias del emperador para luchar contra las tribus eslavas, Matilde se consagró a obras piadosas y de caridad a favor de sus súbditos, sin descuidar la educación cristiana de sus cinco hijos. Al enviudar en 936 se retiró al convento de Quedlinburg, entregándose a una vida de austeridad y oración hasta su muerte en el 968.
Mafalda es un popular personaje de cómic creado en 1962 por el dibujante argentino Joaquín «Quino» Lavado (1932).

Máximo

Origen: latín.
Significado: de *máximus*, «el mayor», superlativo de magnus, «grande».
Variantes: Max, Maximino, Maximiano, Maximiliano.
Onomástica: 14 de abril.

Nombre de apreciable presencia en la antigua Roma, donde habitualmente lo portaba el hijo mayor de una familia (p. ej. Maximiliano: el mayor de los Emilios), en sus distintas variantes lo llevaron grandes duques y emperadores, incluyendo a Maximiliano I, soberano del fugaz imperio mexicano entre 1864 y 1867. En la onomástica cristiana recuerda a san Máximo de Crisópolis, llamado El Confesor, religioso bizantino del siglo VII que defendió la dogmática ortodoxa frente a las doctrinas disidentes del monofisismo y el monotelismo. Sus tratados teológicos y obras espirituales lo erigieron en uno de los teóricos fundamentales de la Iglesia de Oriente.
Personajes célebres: *Maximilien de Robespierre* (1758-1794), político y revolucionario francés, líder del partido jacobino, dirigió el Comité de Salvación Pública que desató el régimen del Terror; destituido por la asamblea en julio

de 1794, fue guillotinado sin proceso previo; *Max Aub* (1903-1972), escritor español nacido en París, pasó su infancia en Madrid y volvió a Francia al caer la República. A partir de 1942 vivió como exiliado en México, donde produjo la mayor parte de su obra. En ésta destaca «El laberinto mágico», ciclo de seis novelas sobre la guerra civil en España.

Mónica

Origen: griego.
Significado: del femenino de *monachós*, «monje», y éste de *monos*, «solitario».
Variantes: no tiene.
Onomástica: 27 de agosto.

Santa Mónica, madre de san Agustín de Hipona, fue una cristiana muy devota nacida en Numidia en el 331. Siendo aún muy joven sus padres la casaron con Patricio, al que ella convirtió al cristianismo. Al enviudar pocos años después, Mónica se dedicó a rescatar al joven Agustín de una vida disoluta, convertirlo a su fe y orientar su educación. Murió en el 387 y es patrona de las mujeres viudas.
Personajes célebres: *Mónica Seles* (1974), tenista serbia nacionalizada en Estados Unidos, que en 1991 se consagró como la número uno del ranking mundial más joven en la historia del tenis. Obtuvo asimismo los trofeos de Wimbledon, Roland Garros (tres veces), dos Masters de Australia, otros dos de Estados Unidos, y cuatro Masters femeninos seguidos (de 1990 a 1993).

Nicolás/a

Origen: griego.
Significado: de *nikólaos*, «Victoria del pueblo».
Variantes: Nicolao, Nicoleta, Nicolina.
Onomástica: 6 de diciembre.

San Nicolás de Bari era un religioso del siglo IV que ejerció el Obispado de Mira, en el Asia Menor. Famoso por su notable taumaturgia, en 1087 sus restos fueron trasladados a Bari, en la Apulia italiana, donde en el siglo XI se erigió una basílica en su memoria. El nombre, muy extendido en la Europa cristiana, se asimiló con *Niklaus*, figura legendaria de los antiguos cultos escandinavos. Así surgió el personaje de Santa Claus, vinculado a la celebración de la Navidad, que los franceses denominan Papa Noël (Papá Navidad). Es patrón de Rusia y de la región de Lorena.

Personajes célebres: *Nicolás Copérnico* (1473-1573), astrónomo polaco. Autor de «Sobre las revoluciones de los orbes celestes» donde afirma que el centro de nuestro sistema planetario no es la Tierra, sino el Sol; su teoría fue corroborada en el siglo XVII por Galileo y confirmada por las leyes de Kepler; *Niccolò Paganini* (1782-1840), violinista y compositor italiano, célebre por su virtuosismo instrumental. Elevó el violín a la categoría de instrumento solista y compuso 24 Caprichos para violín solo, 12 Sonatas para violín y guitarra, y cinco Conciertos para violín y orquesta.

Norberto/a

Origen: germánico.
Significado: de *nord-berht*, «resplandor normando».
Variantes: Berto/a.
Onomástica: 6 de junio.

San Norberto fue un religioso de la Sajonia alemana, fundador en 1120 de la orden premonstratense. Nacido en Genepp en 1080, en su juventud llevó una vida viciosa y disipada, que cortó de golpe para dedicarse a la Iglesia. Designado obispo de Magdeburgo en 1126, se dedicó a disciplinar las costumbres licenciosas de su clero. Fue amigo del papa Inocencio II y de san Bernardo de Clavaral, con quienes intercambió ideas sobre la organización de la vida eclesiástica y las normas monásticas. Falleció en 1134 y fue canonizado en 1582.

Olegario/a

Origen: germánico.
Significado: de *helig*, «sano» «fuerte», y *gair*, «lanza».

Variante: Olaguer.
Onomástica: 5 de marzo.

Nombre proveniente de la Europa nórdica del medioevo, arraigó en la Cataluña cristiana a partir de la figura de san Olegario, sacerdote agustino nacido en 1059 en Barcelona y obispo de esa diócesis desde 1116, a la que dos años después añadió el obispado de Tarragona. Intervino como mediador en los enfrentamientos entre Castilla y Aragón, en calidad de delegado papal. Falleció en su sede diocesana en 1136.

Olga

Origen: escandinavo.
Significado: del sueco antiguo *helagher*, «santo».
Variante: Helga.
Onomástica: 11 de julio.

Este nombre es la versión rusa de Helga, popularizado a partir de santa Olga, dama cristiana del siglo X casada con Igor III, gran duque de Kiev. Fue abuela de san Vladimiro y dedicó grandes esfuerzos a la expansión del cristianismo en Rusia.

Oriol

Origen: catalán.
Significado: de *oriol*, «oropéndola».
Variante: Auriol.
Onomástica: 23 de marzo.

Nombre muy extendido en Cataluña, vinculado según cierta corriente al latín *aureus* («de oro»), ingresó al santoral con san José Oriol, sacerdote barcelonés nacido en 1650. Se doctoró en filosofía y teología en la Universidad de Barcelona, y quiso marchar como misionero a Japón. Pero enfermó apenas iniciado el viaje, y debió regresar a la capital catalana. Allí se dedicó a cuidar y reconfortar a los enfermos sin recursos, hasta su muerte en 1702.

Personajes célebres: *Oriol Bohigas* (1925), arquitecto y urbanista catalán, considerado el principal inspirador de la moderna política urbanística del Ayuntamiento de Barcelona, sobre todo en lo que hace a abrir la ciudad al mar y a las grandes obras emprendidas con motivo de los Juegos Olímpicos de 1992.

Oscar

Origen: germánico escandinavo.
Significado: de *Osovan*, dios mitológico, y gair, «lanza».
Variante: Óscar.
Onomástica: 3 de febrero.

Nombre proveniente de Suecia y Dinamarca que se extendió a otros países y lenguas europeas. En el santoral cristiano corresponde a san Oscar, monje benedictino alemán del siglo IX. Fundador y primer abad del monasterio de Westfalia, acompañó a Luis el Piadoso en su expedición a Dinamarca, pero los conflictos de la corte perjudicaron su labor de catequesis. Al volver a Alemania fue designado obispo de Hamburgo, donde destacó por su piedad y sus virtudes cristianas.

Pablo

Origen: latín.
Significado: de *paulus*, «pequeño».
Variantes: Paulo/a, Paulino/a.
Onomástica: 29 de junio.

Nombre tomado por Saulo de Tarso al convertirse al cristianismo, como signo de humildad. Hasta entonces era un importante personaje fariseo del siglo I, que ostentaba la ciudadanía romana y participó en las primeras persecuciones a los cristianos. Pero cabalgando camino de Damasco tuvo una visión de Jesús resucitado, que le ordenaba ponerse a su servicio uniéndose a los apóstoles. Realizó luego un largo peregrinaje evangelizador por Chipre, Grecia y el Asia Menor, que le mereció el título de «Apóstol de los gentiles» (los no judíos) y sentó el germen del ecumenismo de la Iglesia. Son famosas sus Cartas o «Epístolas» a diversas comunidades cristianas, y también su conocida «Epístola a los gentiles».

Personajes célebres: *Pau Casals* (1876-1963), músico, director de orquesta y compositor español nacido en El Vendrell, uno de los grandes violonchelistas del siglo XX, aplaudido por públicos de todo el mundo, en su obra destaca el oratorio «El pesebre»; *Pablo Ruiz Picasso* (1881-1973), pintor español, considerado la figura más notable e influyente del arte contemporáneo. Tras una etapa juvenil en Barcelona, en 1904 trasladó su residencia a París, donde inicia su «época azul». Más tarde su pintura adquiere las formas geométricas del cubismo, por influencia de su compatriota Juan Gris. Participó en todas las corrientes posteriores, dominando con maestría diversas técnicas y estilos, incluyendo el grabado, la escultura y la cerámica. La mayor parte de su obra se exhibe en los museos Picasso de Barcelona y París.

Pascual/a

Origen: latín.
Significado: de *pasqualis*, «relativo a la Pascua».
Variantes: Pascualino/a.
Onomástica: 17 de mayo.

San Pascual I fue un religioso italiano elegido papa en el año 817. Durante su reinado obtuvo el reconocimiento del poder absoluto del papa sobre los Estados Pontificios, por parte del emperador Ludovico Pío. En las luchas por la sucesión de éste coronó a Lotario I como Emperador de Occidente, contrariando las ambiciones de su hermano Carlos el Calvo.

Personajes célebres: *Pasqual Maragall* (1941), político socialista catalán, que como alcalde de Barcelona inició la apertura de la ciudad hacia su ribera marítima y concretó diversos proyectos urbanísticos de modernización. Propuso y consiguió que Barcelona fuera sede de los exitosos Juegos Olímpicos de 1992.

Patricio/a

Origen: latín.
Significado: de *patricius*, «de padre noble».
Variantes: no tiene.
Onomástica: 17 de marzo.

Sustantivo empleado en Roma para designar a los miembros de la aristocracia, lo adoptó el cristianismo a partir de san Patricio, religioso escocés
del siglo V, discípulo y protegido de san Germán de Auxerre. En el 431 fue
designado obispo de Irlanda, y su obra apostólica le valió posteriormente el
título de santo patrón de ese país. El femenino es hoy de uso frecuente en
España e Hispanoamérica.

Quintín/a

Origen: latín.
Significado: de *Quintus*, nombre que se daba en Roma al quinto hijo.
Variantes: Quinto, Quintino, Quintiniano/a.
Onomástica: 31 de octubre.

San Quintín fue un clérigo italiano del siglo III, que por orden del papa via-
jó con un grupo de compañeros a catequizar la Galia. Allí fue apresado
mientras predicaba y murió mártir en Vermand (actual Saint-Quentin, en
la Picardía francesa), dando muestras de su valor y su inquebrantable fe
cristiana.

Ramón/a

Origen: germánico.
Significado: de *ragin-mund*, «consejero que protege».
Variantes: Raimon, Raimundo/a.
Onomástica: 31 de agosto.

Nombre de abundante presencia en España y frecuente en el resto de Europa, responde al culto a san Ramón Nonato, religioso catalán nacido en

1200. Según la tradición popular recibió ese apelativo porque no nació de parto natural, sino que fue extraído del vientre de su madre ya muerta. Amigo de san Pedro Nolasco, ingresó en la Orden mercedaria en 1224 y se dedicó a catequizar en Argel durante quince años. Llamado a Roma en 1240 para recibir el capelo cardenalicio, falleció durante la travesía.

Personajes célebres: *Ramon Llull* (1235-1315), escritor y filósofo mallorquín beatificado por la Iglesia, llamado el «Doctor iluminado» a raíz de una visión que lo exhortó a escribir contra arrianos y paganos, es autor de «El árbol de la ciencia», «El libro de contemplación» y «Blanquerna»; *Ramón Menéndez Pidal* (1869-1968), filólogo e historiador nacido en La Coruña, renovador de la filología española y estudioso de las gestas medievales castellanas, publicó entre otras obras «Orígenes del español», «Poesía juglaresca y juglares» y una excelente edición de «El cantar de Mío Cid»; *Raymond Chandler* (1888-1959), escritor estadounidense renovador del género policíaco y creador del personaje de Philip Marlowe, fue autor de «El sueño eterno», «La dama del lago» y «El largo adiós», llevadas con gran éxito a la pantalla.

Raúl

Origen: germánico.
Significado: de *rad-wulf*, «consejero del lobo» (como metáfora del guerrero).
Variantes: Radulfo, Rodulfo, Ruy.
Onomástica: 7 de julio.

Este nombre es un apócope de Radulfo, cuyo primer exponente en el santoral es Raúl de Bourges, obispo de esta ciudad en el siglo IX, que en el año 866 fue designado primer patriarca de Aquitania. Fundó varios templos y monasterios.

Personajes célebres: *Raoul Dufy* (1877-1953), pintor francés, uno de los mayores exponentes del fauvismo o pintura «ingenua», autor de obras maestras como «El hada electricidad» o «Carreras de caballos en Epsom»; *Raúl Alfonsín* (1925), político argentino, elegido presidente de la República en 1983, bajo su mandato se juzgó a la dictadura militar que le había precedido. Derrotado por el peronista Carlos Menem en 1989, anticipó la entrega del poder agobiado por la situación económica.

Rita

Origen: latín.
Significado: apócope de *margarita*, «perla».
Variantes: no tiene.
Onomástica: 22 de mayo.

Margarita (Rita) de Cassia fue una piadosa dama del siglo XV, devota esposa y madre de familia, que al enviudar tomó los hábitos religiosos. Canonizada como santa Rita, se le atribuyen numerosos milagros que le ganaron el
apelativo de «Abogada de los imposibles». Los fieles suelen invocarla ante
situaciones o problemas que no parecen tener solución.
Personajes célebres: *Rita Hayworth* (1918-1987), nombre artístico de
Margarita Carmen Cansino, actriz, cantante y bailarina nacida en Nueva
York y admirada estrella cinematográfica de Hollywood. Entre sus filmes
más emblemáticos figuran «La dama de Shangai», «Mesas separadas» y el
ya legendario «Gilda».

Roberto/a

Origen: germánico.
Significado: de *hrod-berth*, «famoso por sus victorias».
Variante: Ruperto/a.
Onomástica: 7 de junio.

La popularidad de este nombre en los países germanos y anglosajones se
extendió prontamente al mundo latino. La onomástica mencionada refiere
a san Roberto de Molesmes, monje francés del siglo XI, fundador de los monasterios benedictinos de Citeaux y de Molesmes. Este último fue incorporado a la orden del Cister por Urbano II, quien encargó a Roberto la reforma cisterciense.
Personajes célebres: *Robert Graves* (1895-1985), escritor y poeta inglés
que residió en Mallorca, autor de conocidas novelas históricas como «Yo,
Claudio» y «El vellocino de oro»; una extensa obra poética; y su excelente
autobiografía «Adiós a todo eso»; *Roberto Rosellini* (1906-1977), cineasta
italiano, precursor del neorrealismo en 1945 con «Roma, ciudad abierta»,

a la que siguieron «Paisà», «Stromboli», «Alemania, año cero» y «Europa 51». De su matrimonio con la actriz sueca Ingrid Bergman nació Isabella Rosellini, también intérprete cinematográfica.

Rosa

Origen: latín / germánico.
Significado: del latín *rosa* y el germánico *hrod*, «gloria».
Variantes: Rosalía, Rosalinda, Rosaura, Rosario.
Onomástica: 23 de agosto / 7 de octubre (Rosario).

Nombre muy extendido en Europa y América, tanto por la belleza de la flor homónima como por devoción a santa Rosa. Ésta era una dama limeña nacida en 1586, que se hizo terciaria dominica y vivió recluida en su casa hasta morir en 1617. Entregada a la oración y las visiones místicas, se le atribuyen numerosos milagros e intercesiones. Su canonización en 1671 la convirtió en la primera mujer americana que subía a los altares.
Personajes célebres: *Rosa Luxemburgo* (1870-1919), activista y teórica revolucionaria alemana nacida en Polonia, en 1898 se afilió al Partido Socialdemócrata alemán (SDP), al que renunció para fundar la Liga Espartaquista. Escribió numerosos artículos políticos y redactó el programa del Partido Comunista Alemán. En enero de 1919 fue arrestada y poco después asesinada en prisión. Escribió «Reforma social o revolución» y «La acumulación del capital».

Sebastián

Origen: griego.
Significado: de *sebastós*, «Venerable», «Digno de respeto».
Variantes: Sebas, Sebastiana, Bastián.
Onomástica: 20 de enero.

En el caso de san Sebastián la hagiografía se mezcla con la leyenda. Ambas nos informan que fue un cristiano nacido en Narbona en el siglo III, y que era capitán de la guardia pretoriana en Roma. Desde ese cargo ayudó a numerosos correligionarios perseguidos, lo que le valió el título de «Defensor de la Iglesia». Arrestado por orden de Diocleciano, sus verdugos lo dieron por muerto después de asaetearlo, pero una mujer cristiana lo rescató y curó sus heridas. Detenido de nuevo, fue condenado a ser flagelado en el Circo hasta morir.

Personajes célebres: *Sebastiano Caboto* (1476-1557), marino y cartógrafo veneciano, hijo del experto navegante Giovanni Cabot, fue cartógrafo de Enrique VIII de Inglaterra y luego navegó al servicio de la Corona de España. Piloto mayor de Castilla, exploró la bahía de Hudson y el río de la Plata. Es autor de un mapamundi publicado en 1544.

Sergio

Origen: latín.
Significado: de *sergius*, «guardián».
Variante: Sergi.
Onomástica: 24 de febrero.

Según Virgilio este nombre se remonta a un combatiente troyano, *Sergestus*, y fue adoptado más tarde por una familia romana de origen etrusco. En el mundo cristiano recuerda a san Sergio I, papa del siglo VII que impulsó la evangelización de los germanos y se opuso al emperador Justiniano II al rechazar la supresión del celibato sacerdotal. Este nombre es muy empleado entre los fieles de la Iglesia oriental, por lo que se le suele atribuir erróneamente origen ruso.

Personajes célebres: *Serguéi M. Einsestein* (1898-1948), cineasta ruso, creador del uso del montaje como elemento expresivo y simbólico, realizó filmes alusivos a la historia de su país y a la Revolución soviética, como «Iván el Terrible», «Octubre» y «El acorazado Potemkin»; *Serge Lifar* (1905-1986), bailarín y coreógrafo nacido en Kiev y nacionalizado francés, fue primera figura del ballet del príncipe Diaghilev y de las óperas de París y Montecarlo.

Silvestre

Origen: latín.
Significado: de *silvester*, «selvático».
Variantes: Silvano/a.
Onomástica: 31 de diciembre.

Silvestre I fue elegido papa en el año 314, y en su pontificado obtuvo la reconciliación entre la Iglesia y el Imperio romano. Según su leyenda, curó milagrosamente la lepra del emperador Constantino, quien le rogó agradecido que lo bautizara como cristiano. El pontífice murió en el 335 y obtuvo la canonización por su obra en beneficio de la cristiandad.

En el día de San Silvestre se corre en varias ciudades una maratón no profesional, de la que participan numerosos ciudadanos de ambos sexos y todas las edades.

Personajes célebres: *san Silvestre Guzzolini* (1177-1272), canónigo y eremita italiano, se retiró durante cuatro años a la ermita de Grottafucile y luego al monte Fano, donde permaneció hasta su muerte; *Silvester Stallone* (1946), popular actor, guionista y director estadounidense, especializado en películas de acción, ha protagonizado las series «Rocky» y «Rambo», así como «El especialista», «Demolition man» y «Acorralado».

Teresa

Origen: griego.
Significado: forma femenina de *Thiresios*, y éste de *thereios*, «animal salvaje».
Variantes: Teresio/a, Tere.
Onomástica: 15 de octubre.

Nombre proveniente de la mitología, en la que Tharesios es un personaje con dotes de augur o adivino, cuya versión femenina se extendió a partir de santa Teresa de Jesús, religiosa española del siglo XVI. Probable descendiente de una familia judía conversa, Teresa de Cepeda y Ahumada ingresó a los 20 años en la Orden carmelita contra la voluntad de su padre, tomando el nombre de Teresa de Jesús. Al poco tiempo cayó en una época de angustia espiritual y visiones místicas, que le inspiraron la necesidad de reformar su congregación. Inició entonces una gran actividad organizadora que la llevó a fundar 15 conventos de religiosas en distintos puntos de España y uno de frailes en Duruelo, con la ayuda de san Juan de la Cruz. Tras varios enfrentamientos con la orden del Carmelo tradicional, obtuvo la separación de las Carmelitas descalzas en 1580. Dejó escritas varias obras devotas, entre ellas «Camino de perfección» y «El castillo interior».

Personajes célebres: *madre Teresa de Calcuta* (1910-1997), religiosa albanesa nacionalizada india, fundadora y superiora de la congregación de las Misioneras de la Caridad, autorizada por Pablo VI para atender a los míseros y enfermos que atestaban las calles de Calcuta, su esforzada y generosa entrega a esa misión le valió el premio Nobel de la Paz en 1979; *Teresa Berganza* (1936), cantante española nacida en Madrid, dotada de una hermosa voz de mezzosoprano ligera, debutó en 1957 con «Cosí fan tutte» de Mozart, interpretando a Dorabella. Siguió luego una triunfal carrera profesional, que le mereció compartir el Premio Príncipe de Asturias de las Artes en 1991.

Valentín

Origen: latín.
Significado: de *valens*, «valeroso», «audaz».
Variante: Valentino, Valente.
Onomástica: 14 de febrero.

San Valentín era un sacerdote cristiano de Roma, que fue arrestado y azotado durante las persecuciones a esa comunidad, y finalmente murió decapitado. Su onomástica se consagró como fiesta de los enamorados en el mundo anglosajón, celebración que actualmente se ha extendido a los países latinos.

Personajes célebres: *Rodolfo Valentino* (1895-1926), actor italiano que triunfó en Hollywood como astro del cine mudo, fue el primer galán que representó la figura del *latin lover* en películas como «Los cuatro jinetes del Apocalipsis» o «Sangre y Arena». Su misteriosa muerte a los 31 años provocó escenas de histeria entre sus admiradoras y creó varias leyendas sobre una supervivencia secreta.

Vicente/a

Origen: latín.
Significado: de *vincens*, «el que vence».
Variantes: Vicencio/a.
Onomástica: 22 de enero.

La advocación cristiana de este nombre responde a tres famosos santos que lo llevaron. El primero es san Vicente, diácono y mártir español de siglo III, patrono de Valencia y Zaragoza, al que corresponde la onomástica citada más arriba. El segundo es san Vicente Ferrer, religioso valenciano nacido en 1350, compañero y consejero de Benedicto XIII, llamado el papa Luna. Vicente Ferrer predicó en España y otros países europeos alcanzando gran fama, hasta su muerte en 1419. El tercero, san Vicente de Paúl, fue un religioso francés dedicado a los pobres y enfermos, fundador de la congregación lazarista y de la congregación de las Hijas de la Caridad.
Personajes célebres: *Vincent van Gogh* (1853-1890), pintor impresionista holandés, radicado en Francia, amigo de Toulouse-Lautrec y de Paul Gaugin, se arrancó una oreja durante una pelea con este último y fue internado por su hermano Théo en un asilo, donde se quitó la vida de un disparo; produjo una abundante obra pictórica, considerada entre las más expresivas y personales del arte moderno; *Vicente Aleixandre* (1898-1984), poeta español perteneciente a la brillante generación del 27, obtuvo el premio Nobel de Literatura en 1977. Entre su rica obra poética se pueden citar «Mundo a solas», «En un vasto dominio» y «Diálogos del conocimiento».

Víctor

Origen: latín.
Significado: de *víctor*, «vencedor».
Variantes: Victorio/a, Victoriano/a.
Onomástica: 21 de julio.

La presencia de este nombre en el santoral corresponde a san Víctor I de Cherchell, religioso de probable origen africano que fue papa en el siglo II, durante el imperio de Cómodo. Estableció la fecha de la Pascua cristiana y murió en el 199, poco después del ascenso al trono de Septimio Severo. Llevaron su nombre otros tres papas, varios duques de Saboya llamados Victor Amadeo, y tres reyes de Italia con el compuesto Vittorio Emmanuele. Es muy popular en Inglaterra a partir de la reina Victoria I (1819-1901).

Personajes célebres: *Victor Hugo* (1802-1885), poeta, novelista y dramaturgo francés, precursor del romanticismo con su controvertido drama «Hernani» y autor de grandes novelas como «Los miserables», y «Nuestra Señora de París», conocida también como «El jorobado de Notre Dame»; *Vittorio De Sica* (1901-1974), director y actor cinematográfico italiano perteneciente al movimiento neorrealista, protagonizó numerosas comedias comerciales para financiar sus películas de mayor enjundia, entre ellas «Ladrón de bicicletas», «Milagro en Milán» o «El oro de Nápoles».

Viviano/a

Origen: latín.
Significado: de *vivianus*, «vital», «viviente».
Variantes: Vivian, Bibiana.
Onomástica: 28 de agosto / 2 de diciembre (Bibiana).

Nombre común en los países anglosajones (*Vivian*) y escandinavos (*Bibiana* o su apócope *Bibi*), su devoción cristiana corresponde a san Viviano, prelado francés que murió martirizado en el siglo V.

Personajes célebres: *Vivien Leigh* (1913-1967), nombre artístico de Vivian Mary Hartley, actriz teatral y cinematográfica británica, casada con el actor y director Laurence Olivier, fue protagonista de filmes como «Lo que el viento se llevó», «Ana Karenina» y «Un tranvía llamado Deseo»; *Bibi Andersson* (1935), actriz sueca de teatro y cine, una de las preferidas del realizador Ingmar Bergman, con el que protagonizó «Pájaros de verano», «El séptimo sello» y «Fresas salvajes»; en los últimos años se ha dedicado a la interpretación y dirección teatral.

Vladimiro/a

Origen: eslavo.
Significado: de *vlad*, «señor» y *mir*, «mundo».
Variantes: Vladi, Vladimir, Wladimiro.

Onomástica: 14 de julio.

Nombre muy empleado entre la nobleza rusa y de los países eslavos, su inclusión en el santoral corresponde a san Vladimir, noble ucraniano del siglo XI que, como nieto de santa Olga, heredó el gran ducado de Kiev. Profundo creyente, en 1005 emitió un decreto por el que obligaba a todos sus súbditos a bautizarse como cristianos.

Personajes célebres: *Vladimir Ilich Ulianov,* llamado «Lenin» (1870-1924), político y teórico ruso que adaptó el pensamiento de Marx a la realidad de su país; líder de los bolcheviques, facción mayoritaria del Partido Obrero Socialdemócrata Ruso (comunistas), radicalizó las ideas que llevaron a la Revolución soviética en octubre de 1917; *Vladimir Nabokov* (1899-1977), escritor nacido en San Peterbursgo y nacionalizado estadounidense, dejó su país tras la Revolución soviética. Entre sus excelentes novelas sobresalen «Ada o el ardor», «Pálido fuego» y la célebre «Lolita».

Wilfredo

Origen: germánico.
Significado: de *will-frid*, «gran pacificador».
Variantes: Wilfrido, Vilfredo, Vilfrido, Guifré, Jofre.
Onomástica: 12 de octubre.

Nombre típicamente germánico, introducido en la península ibérica y el sur de Francia por los invasores visigodos. San Wilfredo fue un monje anglosajón de Northumbria, reino del sur de Inglaterra. Alrededor del año 654 realizó una visita a Roma, a cuyo regreso evangelizó en las costas continentales de Frisia y en los reinos anglosajones de Essex, Susex y Mercia. Designado obispo de York, introdujo la orden benedictina en las Islas Británicas, así como las costumbres y liturgias romanas.

Personajes célebres: *Wilfredo,* llamado «el Velloso» (siglo IX), conde de Barcelona que en el año 874 obtuvo la independencia de su territorio condal ante el rey francés Carlos II el Calvo. Incorporó a sus dominios los condados de Gerona, Cerdaña, Urgel y Besalú, y fundó los monasterios de San Juan de las Abadesas y de Santa María de Ripoll. Murió en 898 y es honrado como uno de los principales héroes de Cataluña.

Vírgenes

A lo largo de la historia del cristianismo, la Virgen María ha protagonizado numerosas apariciones y manifestaciones milagrosas. Casi todo pueblo, región o
país del mundo cristiano tiene su Virgen patrona, y también muchos gremios y
profesiones. Sin pretender abarcarlos a todos, se dan aquí los nombres maria-
nos más conocidos y venerados en España e Hispanoamérica.

Ainoa

Origen: euskera.
Significado: desconocido.
Variantes: Ainhoa.
Onomástica: 15 de agosto.

Nuestra Señora de Ainoa es patrona de esa localidad del País Vasco, en
cuya vecindad se encuentra su santuario.
Personajes célebres: *Ainhoa Arteta* (1964), soprano española nacida en
Tolosa (Guipúzcoa), especializada en papeles de óperas de Verdi como Violeta de «La Traviata» o la Gilda de «Rigoletto», ha cantado en los mayores
teatros líricos del mundo y recibió el premio de la Hispanic Society of
América por su contribución a las artes.

Amparo

Origen: latín.
Significado: de *manuparare*, «tender la mano», «ayudar».
Variantes: no tiene.
Onomástica: 11 de mayo.

Este popular nombre es derivación del culto a la Virgen de los Desamparados, patrona de la ciudad de Valencia, también muy venerada en Pamplona
y en general en toda España.
Personajes célebres: *Amparo Rivelles* (1925), reconocida actriz española de teatro y cine, hizo gran parte de su carrera en México y regresó a

España a finales del franquismo. Ha protagonizado numerosos filmes, entre ellos «La calle sin sol», «Remolino de pasiones» y el célebre «Arkadin» de Orson Welles. Actuó asimismo en la serie televisiva «Los gozos y las sombras».

Araceli

Origen: latín.
Significado: de *ara*, «altar», y *coeli*, «cielo».
Variantes: no tiene.
Onomástica: 2 de mayo / 5 de agosto.

Este antiguo nombre mariano proviene de un santuario erigido en el año 595 en el monte capitolino de Roma, sobre el lugar de un antiguo templo consagrado al dios pagano Júpiter. Denominado en principio Nuestra Señora del Capitolio, el ingenio popular rebautizó a la imagen que allí se veneraba como la Virgen de Araceli (Altar del Cielo), a causa de la alta y fatigosa escalera diseñada por Miguel Ángel para alcanzar el santuario.

Aránzazu

Origen: euskera.
Significado: de *arantz-an-zu*, «entre los espinos».
Variantes: Arántzazu, Arantxa, Arancha.
Onomástica: 9 de septiembre.

El sugerente monte Aloña en Oñate (Guipúzcoa), con sus laderas de rocas escarpadas, ha sido desde tiempo inmemorial sitio de comunicación con los dioses. El advenimiento del cristianismo produjo su adopción como lugar de culto, más tarde dedicado a la advocación mariana. Según la tradición en 1468 un joven pastor tuvo una visión de la virgen entre unas ramas de espino (de allí su nombre). En el lugar se edificó un santuario, cuya moderna reconstrucción es una notable muestra de arquitectura religiosa contemporánea. Regido por la orden franciscana, convoca cada año miles de peregrinos, deseosos de honrar a la que es también patrona de Guipúzcoa.

Personajes célebres: *Arantxa Sánchez Vicario* (1971), tenista española nacida en Barcelona, en 1989 ganó el torneo de Roland Garrós venciendo a la alemana Steffi Graf. Obtuvo la medalla de bronce en los Juegos Olímpicos de Barcelona'92, repitió el triunfo en Roland Garrós en 1994, año en que también ganó el Open de Estados Unidos, y en Atlanta'96 consiguió la medalla individual de plata y la de bronce en dobles, compartida con Conchita Martínez.

Begoña

Origen: euskera.
Significado: de *beg-oin-a*, «lugar en el monte dominante».
Variantes: no tiene.
Onomástica: 11 de octubre.

Este nombre mariano es muy popular en el País Vasco, y su uso se ha extendido a otras regiones de España. Su significado refiere al monte que domina la ciudad de Bilbao y los pueblos adyacentes, donde había una antigua ermita gótica que en el siglo XVI fue ampliada y restaurada para dedicarla a Nuestra Señora de Begoña, patrona de Vizcaya.
Begoña suele asociarse erróneamente con el nombre Begonia, que refiere a la flor homónima, sin que exista otra relación entre ambos que la semejanza fonética.

Candelaria

Origen: latín.
Significado: de *candere*, «arder», «iluminar».
Variantes: Candela, Candelas.
Onomástica: 2 de febrero.

La festividad de la Virgen de la Candelaria, de especial devoción en las Islas Canarias, proviene de la presentación del Niño Jesús al templo. Esta ceremonia hebrea se celebraba cuarenta días después del nacimiento, y en ella se bendecían las candelas que se usarían en el hogar durante todo el año. Simbólicamente refiere a la luz espiritual que infunde la Virgen María en el alma de sus fieles.

Este nombre equivale en la onomástica al de Purificación, nombre que recibía el ritual por devolver la pureza al cuerpo y el espíritu de la mujer que acababa de ser madre.

Carmen

Origen: hebreo.
Significado: de *karm-El*, «jardín de Dios».
Variantes: Carmina, Carmelo/a, Carmelino/a.
Onomástica: 16 de julio.

Esta advocación mariana, muy empleada en el mundo hispánico como nombre femenino, corresponde al monte Carmelo, próximo a la ciudad israelí de Haifa, que desde el tiempo de los asirios fue un lugar sacralizado por ser morada de los dioses. Los hebreos lo consagraron como la viña o el jardín de Yavé, y el cristianismo lo dedicó a la Virgen María con el nombre de Carmela o Carmen. Fue un objetivo de las Cruzadas, con su principal bastión en la fortaleza de San Juan de Acre, y dio nombre a la orden de los carmelitas.

La Virgen del Carmen se venera en la ciudad de Granada, y su culto se extiende al resto de Andalucía, toda España y los países hispanoamericanos.

Personajes célebres: *Carmen Amaya* (1913-1963), bailaora y coreógrafa de danza flamenca nacida en Barcelona, bailó desde niña y en 1929 integró el Trío Amaya con su tía la Faraona y su prima María Amaya; tras triunfar en París, en 1936 inició una larga gira americana, con resonantes éxitos en Argentina, Brasil, Cuba y Estados Unidos; *Carmen Sevilla* (1929); bailarina, cantante y actriz española, su especial atractivo y simpatía le abrió camino en el cine y la llevó a alcanzar un éxito internacional con el filme «Violetas imperiales» (1952), para participar luego en algunos títulos europeos y americanos como «Europa de noche» o «Rey de Reyes», y a interpretar el papel de Octavia en «Marco Antonio y Cleopatra»; *Carmen Martín Gaite* (1925-2000); escritora española nacida en Salamanca, que obtuvo éxito en plena juventud con su novela «Entre visillos», punto inicial de una vasta obra narrativa que integran, entre otras, «El cuarto de atrás» y «Nubosidad variable». Es autora asimismo de numerosos cuentos infantiles, poesías y ensayos literarios.

Covadonga

Origen: latín.
Significado: de *cova*, «cueva» y *longa*, «larga».
Variantes: no tiene.
Onomástica: 8 de septiembre.

Este antiguo nombre asturiano y su advocación mariana provienen de un santuario románico del siglo VIII, emplazado en la localidad de Santa María la Real de Covadonga, próxima a Cangas de Onís. Según la tradición la virgen se apareció en una cueva que se encuentra cerca del santuario. El nombre de la patrona de Asturias es muy popular en esa comunidad, aunque rara vez trasciende sus fronteras naturales.

Dolores

Origen: latín.
Significado: de *doleo*, «sufrir».
Variantes: Loles, Lola.
Onomástica: viernes de Pasión (inmediato anterior al viernes Santo) / 15 de septiembre.

La devoción de la Virgen de los Dolores no responde a una imagen o aparición concretas, sino al propio Evangelio de san Juan, que narra el sufrimiento de María al pie de la cruz *(Juan, 19:25-27)*. Este culto, hoy universal, lo inició un obispo alemán en 1412 para reparar unas burlas de los herejes sobre la Virgen, y fue extendido a todo el mundo cristiano por el papa Benedicto XIII en 1727. La onomástica del 15 de septiembre es también canónica y responde a una concesión papal a la orden de los siervos de María, que celebraban esa fecha desde 1688.
La versión popular andaluza de esta Virgen es «La Dolorosa», celebrada en los pasos de las cofradías y hermandades de la Semana Santa.
Personajes célebres: *Dolores Ibárruri* (1895-1989), dirigente comunista española nacida en Guipúzcoa, militó desde muy joven en el socialismo y en 1923 participó en el 1er. Congreso del Partido Comunista de España, en cuyo comité central ingresó en 1930; durante la guerra civil recorrió el frente republicano, animando a las tropas con la consigna «no pasarán» y en 1939 mar-

chó al exilio en Rusia hasta 1977, cuando regresó a España para ser elegida por Oviedo al Congreso de los Diputados; *Lola Flores,* llamada «la Faraona» (1923-1995), bailarina, cantante y actriz española de renombre internacional, se inició como pareja de Manolo Caracol en giras por España y Francia. A partir de 1952 inició una repetida serie de presentaciones en América, que consagraron su enorme popularidad. Casada con Antonio González «el pescaílla», tuvieron tres hijos: Lolita, Antonio y Rosario, que siguieron con éxito los pasos de la madre (Antonio se suicidó en 1995).

Fátima

Origen: árabe.
Significado: de *fata*, «joven», «doncella».
Variantes: no tiene.
Onomástica: 13 de mayo.

Este nombre fue llevado por la hija de Mahoma, y es por lo tanto muy empleado en los países islámicos. Su devoción cristiana proviene de la Virgen de Fátima, aparición de María a cuatro niños pastores cerca de esa localidad del Santarém portugués, el 13 de mayo de 1917. La manifestación de la Virgen se repitió en otras cinco ocasiones sucesivas, la última ante 70.000 peregrinos venidos de todo Portugal, Francia y España. La tradición sostiene que la Madre de Dios reveló a los niños ciertos augurios, conocidos como «Las profecías de Fátima», que han dado lugar a una serie de especulaciones dentro y fuera de la Iglesia.
La virgen portuguesa tiene fama de curar milagrosamente enfermedades y dolores, por lo que en su onomástica visitan el santuario millares de peregrinos, entre ellos los papas Pío XII, Pablo VI y Juan Pablo II. Estos pontífices han mantenido también reuniones con sor Lucía, la única de los niños pastores que aún vive.

Guadalupe

Origen: árabe.
Significado: de *wadi*, «río», y *lupus*, «lobo», que dan «río de lobos».

Variantes: Lupe, Lupita.
Onomástica: 6 de septiembre / 12 de diciembre.

La Virgen de Guadalupe corresponde a una doble devoción mariana: una en España y otra en México. La primera se venera en Guadalupe, Cáceres, donde según la tradición un pastor encontró en el 1300 una imagen de la Virgen anterior al siglo VIII, que había sido enterrada para protegerla de la invasión de los árabes. Hoy hay allí un conjunto monumental a cargo de los monjes jerónimos, que incluye el santuario, la iglesia, el monasterio, y las instalaciones para alojar a los numerosos peregrinos que lo visitan.

El culto de Nuestra Señora de Guadalupe fue introducido en México por Hernán Cortés y se consolidó con una hermosa leyenda: en Guadalupe, estado de Zacatecas, un indio converso llamado Juan Diego tuvo una visión de la Virgen en 1531. Corrió a decírselo al obispo, pero éste le exigió una prueba del milagro. Juan Diego volvió con unas rosas que le había dado la Madre de Dios, envueltas en su manta. Derramó las flores ante el prelado, y en la manta apareció pintada la imagen de la Virgen, que es la que hoy se venera en su santuario como patrona de México.

Inmaculada

Origen: latín.
Significado: de *inmacula*, «limpia», «sin mancha».
Variante: Inma.
Onomástica: 8 de diciembre.

Nombre que honra a la Inmaculada Concepción de María, dogma de la fe católica consagrado por Pío IX en 1804, después de siglos de discusiones y enfrentamientos teológicos sobre la verdadera naturaleza de la Madre de Cristo. Con el mismo significado y advocación se emplea el nombre femenino Concepción.

Lourdes

Origen: euskera.
Significado: de *lorde*, «monte que baja en pendiente».
Variantes: Lurdes, Lorda.
Onomástica: 11 de febrero.

La Virgen de Lourdes es famosa por sus curaciones milagrosas de todo tipo de males, por lo que millares de peregrinos llegan cada día a esa pequeña localidad del Pirineo francés, donde se ha levantado una de las iglesias más grandes del mundo. Su culto se inició en Francia a partir de 1858, cuando la niña de 14 años Bernadette Soubirós, hija de un molinero, vio una aparición de la virgen en una de las grutas que abundan en el lugar. La Madre de Dios repitió la aparición 17 veces, cada una ante mayor número de peregrinos y autoridades eclesiásticas.
Las virtudes curativas de la fuente que la propia Virgen hizo brotar ante Bernadette, muchas ciertamente inexplicables, han transformado a Lourdes en una suerte de «sanatorio» del mundo católico, al que acuden enfermos e incapacitados de los más diversos países.

Mar

Origen: latín.
Significado: de *mare*, «mar».
Variante: Marina.
Onomástica: 15 de septiembre.

Nuestra Señora del Mar no se vincula a una aparición milagrosa ni tiene un lugar único de veneración, ya que responde a la necesidad de los marinos y pescadores de rogar la protección de la Virgen. Su culto es popular desde la Edad Media, cuando se le dio el expresivo sobrenombre de *Stella Maris* o Estrella del Mar. La hermosa iglesia dedicada a ella en Barcelona es una de las más perfectas muestras del gótico eclesiástico temprano.

Mercedes

Origen: latín.
Significado: de *mercedem*, «merced», «precio» y éste de merx, «mercancía».
Variante: Merced.
Onomástica: 24 de septiembre.

Este nombre proviene de la orden mercedaria, y alude al precio o gracia que se debía pagar a los sarracenos por la liberación de los cautivos cristianos, bajo la protección de la Virgen de la Misericordia o Merced de los Cautivos. Fue tal el éxito de esa misión negociadora, que llegó a rescatar más de 500.000 prisioneros a cambio de una enorme suma de dinero y joyas aportada por fieles de toda Europa. Como nombre propio Mercedes surgió en Barcelona, donde la Virgen de la Merced tiene su principal templo y ostenta el título de patrona de la ciudad.

Personajes célebres: *Mercedes de Orleáns* (1860-1878), reina de España por su matrimonio con Alfonso XII, pese a la oposición de Isabel II. La joven soberana falleció seis meses después de la boda, lo que fomentó historias populares sobre su pasión romántica y su muerte; *Mercè Rodoreda* (1909-1983), escritora catalana nacida en Barcelona, autora de novelas y cuentos en su lengua materna; entre sus títulos destacan «La calle de las camelias», «Mi Cristina y otros cuentos», «jardín junto al mar» y la que se considera su obra maestra: «La plaza del Diamante».

Meritxell

Origen: catalán.
Significado: posiblemente de *mèrit*, «mérito».
Variantes: no tiene.
Onomástica: 8 de septiembre (nacimiento de la Santísima Virgen).

Nombre muy usado en el ámbito de la lengua catalana, como advocación a Nuestra Señora de Meritxell, cuyo santuario se venera en Andorra. Es también la patrona de ese país pirenaico.

Milagros

Origen: latín.
Significado: de *miraculum*, «prodigio», «milagro».
Variantes: no tiene.
Onomástica: 9 de julio.

Esta advocación mariana, llamada también de la Medalla Milagrosa, tiene una procedencia tan original como curiosa. En 1830 la Virgen María se apareció a Zoa Laboure, religiosa francesa de la Caridad de San Vicente de Paúl, con los pies descalzos pisando un mapamundi, rayos que brotaban de sus manos, y un óvalo que la rodeaba. Siguiendo la descripción de sor Zoa se grabaron medallas que se colgaban al cuello como escapularios para propiciar la buena suerte. Tantos y tan poderosos fueron los milagros constatados, que la medalla fue un «amuleto» cada vez más popular a lo largo del siglo XIX, y finalmente el papa León XIII consagró su celebración y onomástica en 1894.

Montserrat

Origen: catalán.
Significado: de *mont*, «monte» y *serrat*, «serrado».
Variante: Montse.
Onomástica: 27 de abril.

Nuestra Señora de Montserrat, llamada popularmente La Moreneta por el color oscuro de su cara y manos, lleva el nombre del imponente monte de piedra enclavado en las proximidades de Barcelona, cuyos picos semejan los dientes de una sierra. Según la tradición unos pastores de finales del siglo IX vieron un resplandor en lo alto de las rocas, emitido por una pequeña talla de la Virgen guardada en una hornacina. En el lugar se levantó una capilla y poco después un monasterio encomendado a los monjes benedictinos. La construcción fue creciendo, hasta alcanzar la dimensión de un enorme santuario dedicado a esta Virgen, que León XIII consagró en 1881 como patrona de Cataluña.

Personajes célebres: *Montserrat Caballé* (1933), famosa soprano nacida en Barcelona, una de las mayores voces líricas del siglo XX, se especializó en el *bel canto* y fue aclamada en los mayores teatros de ópera del mundo con interpretaciones como «La Bohème», «Madame Butterfly» o «La flauta mágica», entre el centenar de obras que integran su repertorio; *Montserrat Roig* (1946-1991), escritora catalana nacida en Barcelona, es autora de obras como «El tiempo de las cerezas», «La voz melodiosa» o su novela póstuma «Dime que me quieres aunque sea mentira».

Nieves

Origen: latín.
Significado: de *niveus*, «níveo», «nevado».
Variantes: no tiene.
Onomástica: 5 de agosto.

Nombre frecuente en España, es advocación a la Virgen de las Nieves, que se venera en la iglesia romana de Santa María la Mayor. Cuenta la tradición que un noble matrimonio del siglo IV quiso donar la construcción de un templo a la Virgen, y ésta se les apareció para decirles que lo erigieran sobre el monte Esquilino. Fueron a ver al papa Liberio, quien había tenido un sueño similar. Al día siguiente el Esquilino apareció totalmente nevado, pese a ser verano, y convencido del milagro el pontífice hizo construir una gran iglesia a Nuestra Señora de las Nieves. A través del tiempo el templo experimentó reconstrucciones y ampliaciones, hasta que por su tamaño y magnificencia llegó a denominarse Santa María la Mayor.

Nuria

Origen: árabe.
Significado: de *nuriya*, «luminosa».
Variante: Nuri.
Onomástica: 8 de septiembre.

Nombre muy popular en Cataluña, es también posible que provenga del euskera *Nu-ri-a*, «lugar entre montañas», dada la abundancia de topónimos vascos en los Pirineos, o que ambos orígenes se hayan superpuesto en el devenir histórico. La devoción mariana corresponde a una Virgen encontrada en el siglo XI en ese sitio, a más de 2.000 m de altitud, junto con una cruz, una campana y una olla. La tradición popular sostiene que la imagen y los otros objetos pertenecían a una antigua ermita, y fueron ocultados por san Gil para sustraerlos a los ataques de los herejes. Lo cierto es que allí se levantó una capilla, que hoy es un gran santuario dedicado a honrar esta manifestación de la Madre de Dios.

Personajes célebres: *Nuria Espert* (1935), actriz teatral catalana de renombre internacional, nacida en L'Hospitalet de Llobregat, que destaca especialmente en la interpretación de grandes heroínas trágicas. En 1986 se estrenó como directora con «La casa de Bernarda Alba», a la que siguieron las óperas «Rigoletto» y «Carmen».

Paloma

Origen: latín.
Significado: de *palumba*, «paloma torcaz».
Variantes: Palomo.
Onomástica: 31 de diciembre.

Devoción mariana reciente pero muy arraigada en Madrid, en cuya calle de la Paloma se produjo la anécdota que dio lugar a su culto. Según se cuenta en el siglo XVIII unos chavales encontraron en un antiguo molino un cuadro de la Virgen, que fue recogido por una vecina llamada María Isabel Tintero, quien hizo una colecta para construir una humilde capilla. Una de las primeras y más decididas devotas de la Virgen de la Paloma fue la reina María Luisa, y gracias ella la capilla se transformó en uno de los templos más concurridos y emblemáticos de Madrid, al que acuden los novios antes de la boda y las madres a bendecir los niños recién nacidos.

Personajes célebres: *Palomo Linares* (1947), nombre de cartel del torero Sebastián Palomo Martínez, que destacó por el arrojo y vistosidad de sus faenas; tomó la alternativa en Valladolid en 1966 y se retiró en 1982, tras una carrera plena de triunfos; *Paloma San Basilio* (1950), cantante y actriz española de comedias musicales, que tras grabar varios LP de éxito y realizar giras por América, en 1980 protagonizó la ópera rock «Evita». Ha representado a España en el festival de Eurovisión y obtuvo el «Disco de Oro» en España y casi toda Hispanoamérica con su LP «Vida».

Paz

Origen: latín.
Significado: de *pax*, «paz».
Variantes: no tiene.
Onomástica: 24 de enero.

La cualidad de la Virgen como pacificadora aparece ya en las letanías, donde se la invoca como *Regina pacis*, o Reina de la paz. Su advocación mariana proviene de un milagro realizado en Toledo en el siglo VII, cuando la Madre de Dios descendió sobre la iglesia catedral para agradecer su devoción al obispo san Ildefonso, al que obsequió una rica casulla ceremonial.

Pilar

Origen: latín.
Significado: de *pila*, «pilar», «columna».
Variantes: Pili, Pilarín, Piluca.
Onomástica: 12 de octubre.

Nombre muy empleado en Aragón y extendido al resto de España y Latinoamérica, corresponde a la advocación de la Virgen del Pilar, con basílica monumental en Zaragoza. Su culto responde a una antigua tradición, según la cual la virgen se apareció al apóstol Santiago a orillas del Ebro, sobre un pilar de mármol, para pedirle que levantara en la capital aragonesa un templo dedicado a Ella.
Personajes célebres: *Pilar Miró* (1940-1997) directora de cine y televisión nacida en Madrid, fue directora general de Cinematografía entre 1983 y 1985 y de RTVE desde 1986 a 1989. Entre sus filmes más destacados figuran «El crimen de Cuenca», «Gary Cooper que estás en los cielos» y «El perro del hortelano», rodado un año antes de su muerte.

Rocío

Origen: latín.
Significado: de *roscidus*, «rociado», «mojado por el rocío».
Variantes: no tiene.
Onomástica: 24 de mayo o el domingo de Pascua.

Nombre muy popular en Andalucía, sobre todo en la provincia de Huelva, en cuya localidad de Almonte se encuentra el santuario dedicado a la Virgen del Rocío. Son famosas las romerías que se dirigen a honrarla en su onomástica, con caballos enjaezados y carrozas cubiertas de flores, mientras las romeras y romeros lucen trajes típicos.
Personajes célebres: *Rocío Jurado* (1945), cantante española nacida en Chipiona, una de las mejores voces actuales del género, sus discos y presentaciones personales le han ganado una gran popularidad. En su discografía resaltan «Señora» (1979) o «Rocío de luna blanca» (1990); en 1993 protagonizó la película «La Lola se va a los puertos».

Rosario

Origen: latín.
Significado: de *rosarium*, «rosaleda», «jardín de rosas».
Variantes: Rosauro/a, Rosalía.
Onomástica: 7 de octubre.

Nombre empleado antaño para ambos sexos, hoy el masculino ha caído en desuso. Como devoción cristiana corresponde a Nuestra Señora del Rosario, que refiere a la sarta de cuentas que guían el rezo del rosario, serie ordenada de oraciones que evocan episodios de la vida de María y Jesús. La Virgen suele representarse con un rosario en las manos o colgado del cuello.

Soledad

Origen: latín.
Significado: de *solitude*, «soledad».

Variantes: no tiene.
Onomástica: el viernes Santo o el 11 de octubre (santa Soledad Torres).

Nombre que evoca la penosa soledad de la Virgen ante el sacrificio de su Hijo, y que tiene su expresión en las procesiones litúrgicas del viernes Santo, con los pasos, oraciones y saetas dedicadas por las hermandades a Nuestra Señora de la Soledad.

Sonsoles

Origen: griego.
Significado: de *zoilos*, «vital».
Variantes: no tiene.
Onomástica: 15 de agosto.

Nombre muy utilizado en Ávila, como advocación de su Virgen patrona. Parece proceder de una deformación de san Zoiles, versión antigua de san Zoilo.

Ángeles

Los ángeles son espíritus celestiales que aparecen a menudo en las Escrituras como mensajeros o rodeando las manifestaciones de la Trinidad o de la Virgen María. Generalmente son personajes anónimos o con nombres tomados de textos apócrifos, aunque algunos se conocen con nombres propios. Damos aquí los más habituales.

Ángel/a

Origen: griego.
Significado: de *aggelos*, «mensajero».
Variantes: Ángeles, Ángelo, Angelines.
Onomástica: 5 de mayo.

Su uso como nombre propio se inició en la Iglesia de Oriente, a partir de las traducciones griegas de la Biblia. Luego se difundió en todo el mundo cristiano, siempre con un significado de pureza y de servicio a Dios.

Personajes célebres: *Ángel Guimerá* (1845-1924), poeta y dramaturgo en lengua catalana nacido en Santa Cruz de Tenerife, introdujo el endecasílabo en la poesía catalana y es autor de obras teatrales como «Gala Placidia», «Mar y cielo», o «Tierra baja»; *Ángela Molina* (1955), actriz de cine española, consagrada por Luis Buñuel en 1977 con «Ese oscuro objeto del deseo», a la que siguieron entre otras: «El corazón del bosque», «Demonios en el jardín» o «Las cosas del querer». Su labor como intérprete se ha extendido al cine europeo e hispanoamericano.

Angélico/a

Origen: latín.
Significado: de *angelicus*, «angelical», versión latina del griego *aggelos*.
Variantes: no tiene.
Onomástica: 5 de mayo.

Derivado de Ángel que ha adquirido entidad propia como nombre personal, más frecuente en su versión femenina. Augura al portador las cualidades de los espíritus celestes, como la pureza, la devoción, y la servidumbre cristiana.

Personajes célebres: *Fra Angélico* (1395-1455), nombre con el que pasó a la historia del arte el fraile italiano Guido di Pietro, precursor de la pintura en perspectiva y maestro en la distribución expresiva de las figuras en el espacio. Sus obras principales son «La Anunciación» del Museo del Prado; la «Lamentación sobre el cuerpo de Cristo», la «coronación de la Virgen» y la serie de frescos pintados en el convento florentino de San Marcos.

Arcángel

Origen: griego.
Significado: de *arkhai*, «anterior», «superior» y *aggelos*, «ángel».
Variantes: Arcángelo/a.
Onomástica: 29 de septiembre.

Categoría principal de los ángeles, perteneciente al octavo coro y sólo inferior a los príncipes, según las jerarquías angélicas canónicas. Si no se especifica un nombre propio, suele aludir al arcángel Gabriel.
Personajes célebres: *Arcangelo Corelli* (1653-1713), violinista y compositor italiano, protegido del cardenal Ottobioni, luego papa Alejandro VIII. Jerarquizó el papel del violín en la orquesta, fue uno de los creadores del *Concerto grosso*, precursor de la música sinfónica, y compuso cinco libros de «Sonatas para trío» y uno de *Concerti grossi*.

Ariel

Origen: hebreo.
Significado: de *ari-El*, «león de Dios».
Variante: Ariela.
Onomástica: 1 de octubre.

En la tradición bíblica Ariel es un ángel guardián del templo y de la propia ciudad de Jerusalén, a partir del nombre de uno de los jefes citados en el Antiguo Testamento como acompañantes de Esdras a Babilonia en el reinado de Artajerjes *(Esdras, 8:16)*.

Gabriel/a

Origen: hebreo.
Significado: de *gabar-El*, «poder de Dios».
Variantes: Gabi, Gabriele.
Onomástica: 29 de septiembre.

Quizá el más conocido de los seres angélicos, se lo cita en el Nuevo Testamento como nombre del arcángel mensajero que anuncia a la Virgen la concepción de Jesús. Este hecho, celebrado como la «Anunciación» ha sido tema de numerosas obras de arte.

Personajes célebres: *Gabriela Mistral* (1889-1957), pseudónimo de Lucila Godoy, poetisa chilena de origen humilde que fue maestra en Santiago y luego representó a su país como diplomática, en 1945 obtuvo el premio Nóbel de Literatura; su obra poética incluye «Ternura», «Poemas de las madres» y «Lagar»; *Gabriel García Márquez* (1928), escritor y periodista colombiano de prestigio internacional, renovador de la narrativa en español a partir de su celebrada novela «Cien años de soledad» (1968). Se le atribuye la creación del subgénero del realismo mágico, y fue el iniciador del llamado «boom» de la literatura latinoamericana en los años 60 y 70 del siglo XX. Ha escrito también «La hojarasca», «El coronel no tiene quien le escriba», «El otoño del patriarca», «Crónica de una muerte anunciada» o «El amor en los tiempos del cólera», entre una abundante obra por la que obtuvo el premio Nóbel de Literatura en 1982.

Miguel

Origen: hebreo.
Significado: de *mika-El*, «Dios es el más grande».
Variantes: Micael/a.
Onomástica: 29 de septiembre.

Nombre bíblico utilizado en muchas lenguas, Miguel es el «príncipe de los ángeles» que comandó a las cohortes celestiales que derrotaron a Luzbel, el «ángel negro» que se rebeló contra Dios y cayó al infierno para convertirse en Satanás. Se lo considera el mayor de los arcángeles, protector de la Iglesia y guía de las almas difuntas.

Personajes célebres: *Miguel Ángel* (1475-1564), nombre que designa en español al gran pintor, escultor y arquitecto renacentista italiano Michelangelo Buonarotti, quizá el mayor maestro de esa etapa fundamental del arte europeo. Entre sus numerosas obras se cuentan «La piedad» de la basílica de San Pedro en Roma, y el diseño de su gran cúpula; el «Moisés» y los «Esclavos» de la tumba inacabada del papa Julio II; el «David» de Florencia; y en especial los magníficos frescos de la bóveda de la Capilla Sixtina en el Vaticano; *Miguel de Cervantes Saavedra* (1547-1616), escritor y poeta nacido en Alcalá de Henares, figura capital de la literatura española y maestro indiscutido de la narrativa en nuestra lengua, en su juventud fue herido en la batalla de Lepanto, perdiendo el uso de la mano izquierda; prisionero y esclavo de los sarracenos, a su regreso a España escribió «La Galatea», su primera novela, y luego la celebradísima «El ingenioso hidalgo don Quijote de la Mancha» publicada en dos partes (1605 y 1615), cuyo notable éxito le permitió dar a conocer obras anteriores como las «Novelas ejemplares», el «Viaje al Parnaso» y las «Comedias y entremeses».

Rafael/a

Origen: hebreo.
Significado: de *repha-El*, «curación de Dios».
Variantes: Rafel, Raphael.
Onomástica: 29 de septiembre.

El significado de este nombre, muy difundido en el mundo cristiano, alude a la historia bíblica del patriarca Tobías, cuyo hijo Tobit le curó la ceguera siguiendo los consejos de un forastero, que finalmente se reveló como el arcángel llamado Rafael. Por eso este ser celeste es protector de los ciegos y patrón de los oculistas.

Su portador más ilustre fue el pintor Rafaello Sanzio, nacido en 1483 en Urbino, uno de los mayores representantes del Renacimiento italiano, autor de obras maestras como «La Virgen del jilguero», «El triunfo de Galatea», la «Madonna de la silla» o «La transfiguración», que revelan un excepcional talento artístico frustrado en parte por su temprana muerte a los 37 años.

Personajes célebres: *Rafael Alberti* (1902-2001), poeta y dramaturgo español nacido en el Puerto de Santa María, a partir de 1939 vivió exiliado en Francia, México, Argentina e Italia, y tras su retorno en 1977 ocupó una banca en el parlamento español por el Partido Comunista; su numerosa obra incluye, entre otros, los poemarios «Ora marítima», «Abierto a todas horas» o «Golfo de sombras», junto a piezas teatrales como «El hombre deshabitado» y «Noche de guerra en el museo del Prado»; - *Raphael*

(1943), nombre artístico de Rafael Martos Sánchez, cantante español nacido en Linares que ganó el festival de Benidorm en 1962 y luego alcanzó
fama internacional, sobre todo en Hispanoamérica. Poseedor de una particular vocalización y presencia escénica, en 2002 ha protagonizado la comedia musical «El Dr. Jekill y Mr. Hyde», y anuncia nuevas incursiones
en ese género.

Serafín/a

Origen: hebreo.
Significado: de *saraphim*, «serpientes».
Variantes: Serafino, Seráfico/a.
Onomástica: 12 de octubre.

Los serafines forman uno de los nueve coros angélicos definidos por santo
Tomás, que ocupa el primer lugar en esa escala. El profeta Isaías los describe como hermosos seres alados, que cantan dulces alabanzas al Señor.
En su difusión como nombre cristiano ha influido también san Serafín de
Sarov, monje ortodoxo ruso nacido en 1759, considerado uno de los mayores guías espirituales de la Iglesia de Oriente, aparte de un notable taumaturgo y curador milagroso. Murió en su monasterio de Sarov en el año 1883.
Personajes célebres: *Serafín Álvarez Quintero* (1871-1938), escritor y
comediógrafo español que trabajó siempre en estrecha colaboración con su
hermano Joaquín. Ambos firmaban artículos periodísticos con el pseudónimo «El diablo cojuelo», y escribieron más de 200 obras para la escena (comedias, dramas, sainetes y zarzuelas), entre las que destacan «Malvalo-
ca», «El mundo es un pañuelo» y «El amor que pasa».

Nombres mitológicos y legendarios

Siempre ha sido frecuente en la onomástica el empleo de nombres tomados de los mitos y leyendas de diversas culturas, en especial la griega y la romana. Los más escogidos suelen ser aquellos que corresponden a personajes heroicos, trágicos o románticos, o los que ostentan cualidades positivas y afortunadas. En este apartado ofrecemos una selección de los más habituales.

Adonis

Origen: semítico.
Significado: de *ado*, «señor».
Variante: Adón.
Onomástica: no tiene.

La leyenda de Adonis es de origen semítico, aunque fue popularizada por la mitología griega. Joven de extraordinaria belleza, fue criado por la diosa Afrodita, y murió herido por un jabalí. Según la leyenda, de las gotas de sangre de Adonis brotaron las anémonas; y de las lágrimas derramadas por Afrodita, surgieron las rosas.
Personajes ilustres: *san Adón* (siglo IX) arzobispo de Viena y escritor eclesiástico.

Afrodita

Origen: griego.
Significado: de *aphros*, «nacida de la espuma del mar».

Variante: Afrodisio.
Onomástica: no tiene.

Identificada por los romanos con Venus, que en la mitología griega era la diosa del amor. Si bien fue famosa por sus amores con Ares y Anquises, también es conocida por sus iras y maldiciones. En una de ellas, castiga a todas las mujeres de Lemnos, impregnándolas con un desagradable olor, porque no la honraban lo bastante. Sus animales predilectos eran las palomas, que tiraban su carro.

Agamenón

Origen: griego.
Significado: de *agamenos*, «admirable, firme, constante».
Onomástica: no tiene.

En la mitología griega, es el rey de Micenas, líder de los aqueos en la guerra de Troya. Es uno de los protagonistas de la «Ilíada», ya que provoca la cólera de Aquiles al arrebatarle a la esclava Briseida, dando lugar al tema central del poema.
 La *Máscara de Agamenón*, en oro con incrustaciones de joyas, forma parte del tesoro micénico.

Aitor

Origen: euskera.
Significado: de *aita*, «padre».
Variantes: no tiene.
Onomástica: 22 de mayo.

Nombre masculino muy popular hoy en el país vasco, fue creado por Agustín Chao para un relato legendario que publicó en 1845. En él el bardo Lara canta las hazañas de Aitor, «el primer nacido entre los éuscaros».

Alceo

Origen: griego.
Significado: de *alké*, «fuerza».
Variantes: Alcestes, Alcides.
Onomástica: no tiene.

Sobrenombre de Hércules, latinización de Heracles, dios griego protector de los ejércitos y símbolo de la fuerza y el valor. Es uno de los más célebres héroes mitológicos, destacado especialmente por su enorme fuerza. Según la leyenda, separó África de Europa, dando lugar al estrecho de Gibraltar y uniendo el Mediterráneo con el Atlántico. Para recordar esta hazaña se colocaron dos columnas en la desembocadura del estrecho, llamadas en su honor «Columnas de Hércules».
Personajes ilustres: *Alceo* (siglo VII a. C.), poeta lírico, autor de himnos, epigramas y odas escritas en eólico, uno de los cuatro principales dialectos del antiguo griego; *Alcestes*, princesa mitológica, la más bella de las hijas del rey de Yolco, que se ofreció a morir en lugar de su esposo y fue rescatada del infierno por Heracles.

Antígona

Origen: griego.
Significado: de *antigonos*, «contraria a su generación».
Variantes: Antígono.
Onomástica: no tiene.

Nombre personal más utilizado en su versión femenina, por referencia a la hija de Edipo, que fue condenada a muerte por enterrar a su hermano Polinices, en contra de las órdenes del rey Creonte. Sófocles popularizó esta leyenda en su célebre tragedia del mismo nombre.
Personajes ilustres: *Antígono* (siglo I a. C.), rey de Judea y último de los macabeos, fue derrotado por Marco Antonio; *Antígono el Cíclope* (384-301 a. C.), general de Alejandro Magno, tras la muerte de éste se proclamó rey de Siria; extendió sus dominios sobre el Asia Menor y liberó a Atenas de la tiranía de Casandro.

Apolo

Origen: griego.
Significado: de *apollon*, «el que da vida».
Variantes: Apolonio/a.
Onomástica: 21 de abril.

Dios que en la mitología griega corresponde a la segunda generación, es hijo de Zeus y Leto. Al nacer, su padre le ofrendó una mitra de oro, una lira y un carro tirado por cisnes, que son algunos de sus emblemas. Conocido por sus diversos amoríos, aparece como pastor, siendo venerado como dios de las artes, la música y la poesía. Sus amores se narran en la comedia de Calderón de la Barca «Apolo y Climene» (1661).
Apolo XI es el nombre del programa espacial estadounidense que en 1969 consiguió llevar al hombre a la Luna.

Aquiles

Origen: griego.
Significado: quizás de *a-cheileia*, «sin labios», o del nombre del río *Achéloos*.
Onomástica: 7 de enero.

Héroe legendario de la mitología griega, tomó parte en la guerra de Troya como rey de los mirmidones, y dio muerte al troyano Héctor. Aquiles halló la muerte frente a Apolo, el cual le disparó una flecha al único punto vulnerable de su cuerpo: el talón. Dentro de la anatomía humana, el tendón de Aquiles da nombre a las fibras conjuntivas que unen el talón con la pantorrilla.
Personajes ilustres: *san Aquiles* (siglo IV), obispo de Tesalia; *Aquiles Tacio* (siglo IV), escritor griego, autor de «Las aventuras de Leucipo y Clitofonte», obra que fue muy popular en el medioevo.

Ariadna

Origen: griego.
Significado: de *ari* y *adné*, «muy buena».
Variantes: no tiene.
Onomástica: 18 de septiembre.

Ariadna aparece en la mitología griega como hija del rey Minos y esposa de Teseo. Éste debía luchar contra el Minotauro y por ello lo encerraron en la intrincada morada del monstruo, llamada Laberinto. Antes de entrar, Ariadna le entregó un ovillo cuyo extremo retuvo en sus manos. Luego fue recogiendo el hilo, para indicarle el camino de regreso. Ariadna huyó con Teseo, pero fue abandonada por éste en la isla de Naxos.

Personajes ilustres: *Ariadna Gil*, actriz cinematográfica española, destacó en la comedia «Amo tu cama rica» punto inicial de una sólida filmografía que tuvo uno de sus puntos culminantes en la película «Belle Époque», premio Oscar al mejor filme extranjero en 1992. El mismo año Ariadna Gil obtuvo el Goya a la mejor actriz.

Arturo

Origen: griego, tomado de lenguas precedentes.
Significado: de *arktos-ouros*, «guardián de la Osa o del Norte».
Variante: Artús.
Onomástica: 1 de septiembre / 15 de noviembre.

Este nombre legendario está relacionado con la estrella más brillante de la constelación del Boyero, que indica el Norte geográfico. Se generalizó con la leyenda del rey Arturo, personaje celtarromano que combatió a los sajones en la primera mitad del siglo VI, convirtiéndose en el fundador de la Orden de los Caballeros de la Mesa Redonda.

Personajes ilustres: *Arthur Miller* (1915), dramaturgo estadounidense autor de «La muerte de un viajante» y «Todos eran mis hijos»; *Arthur Conan Doyle* (1859-1930), novelista escocés autor de novelas policíacas y creador del personaje de Sherlock Holmes; *Arthur Rimbaud* (1854-1891), poeta francés que influyó de forma notable en los surrealistas.

Astarté

Origen: sidonio.
Significado: de *Astaroth*, nombre de la diosa mayor de las culturas semíticas.
Onomástica: no tiene.

Diosa semita de la guerra, del amor, de la fecundidad y del placer, aparece con distintos nombres (Astart, Ishtar) y atribuciones en la mayoría de civilizaciones de Oriente Medio. Venerada También por fenicios y griegos, éstos últimos la asimilaron a Afrodita.

Atenea

Origen: griego, aunque dudoso.
Significado: de *athenion*, «privada de leche materna».
Variantes: Ateneo, Atenágoras.
Onomástica: no tiene.

Hija de Zeus y Metis en la mitología griega, es conocida en Roma por Minerva. Según la leyenda, de la cabeza de Zeus nació una joven armada de casco, lanza y escudo. Dio nombre a la ciudad de Atenas, y con frecuencia era la diosa elegida como patrona de las ciudades griegas.
Personajes ilustres: *Ateneo de Atalia* (siglo I), médico griego que fundó la escuela de los neumatistas.

Brunilda

Origen: normando.
Significado: de *brunhild*, «arma de guerra».
Variantes: Brunilde, Brunhilda, Brunelda, Bruniquilda.
Onomástica: no tiene.

Heroína de las leyendas escandinavas y germánicas, fue célebre por su amor trágico, que es narrado en la «Canción de los Nibelungos», poema épico alemán escrito en el siglo XII. Este tema inspiró a Richard Wagner su célebre tetralogía operística «El anillo de los nibelungos».

Personajes ilustres: *Brunilda* (534-613), también conocida como *Brune-quilda*, fue reina de Austria, esposa de Sigeberto I. Nombrada regente en 575, intentó la restauración del antiguo reino franco, manteniendo continuas luchas con los pueblos vecinos.

Calíope

Origen: griego.
Significado: de *kallos-ops*, «la bella voz».
Onomástica: 8 de junio.

Nombre mitológico que pertenece a una de las nueve Musas, a la que se le atribuye el dominio de la poesía lírica. Es representada como una doncella provista de tablillas y estilete para escribir, o con un rollo de papiro.

Camilo/a

Origen: etrusco.
Significado: de *casmillus*, «ministro».
Variantes: no tiene.
Onomástica: 14 de julio.

Nombre que proviene del dios *Camilos*, rey de los cabirios o dioses artesanos arcaicos, era en la mitología griega un apelativo de Mercurio. Los etruscos lo asimilaron como *Casmillus* y su versión actual nace en Roma, con carácter sacerdotal.

Personajes ilustres: *Camilo José Cela* (1916-2002), escritor español premio Nobel de Literatura en 1989, destacan entre su obra «La familia de Pascual Duarte», «La colmena» y «Mazurca para dos muertos»; *Camille Pissarro* (1830-1903), pintor neoimpresionista francés, le dieron fama sus panoramas callejeros de París pintados desde una ventana; *Camillo Benso di Cavour* (1810-1861), político italiano de tendencia monárquica, figura fundamental en la unificación de su país bajo el reinado de Víctor Manuel III. Murió cuando participaba en negociaciones sobre el estatus de la ciudad de Roma.

Calixto/a

Origen: griego.
Significado: de *kallistos*, «bellísima».
Variante: Calista.
Onomástica: 25 de abril.

Nombre mitológico de una ninfa del bosque consagrada a la caza, que Zeus transformó en la constelación de la Osa Mayor.

Casandra

Origen: griego.
Significado: de *kassa*, «cortesana» y *andros*, «varón».
Variante: Casandro.
Onomástica: no tiene.

Generalmente se la considera una profetisa cuyo don provenía de Apolo, que se había enamorado de ella. El dios le prometió enseñarle el arte de adivinar el porvenir, a cambio de entregarse a él. Casandra accedió al pacto, y una vez que estuvo instruida, lo abandonó. Apolo, ofendido, la castigó a que sus designios no fueran creídos.
Personajes ilustres: *Casandro* (siglos IV y III a. C.), rey de Macedonia que reinó entre 316 y 297 a. C. Tras la muerte de Alejandro, asesinó a la familia de éste y participó en las luchas por el reparto de su imperio, llegando a dominar casi toda Grecia.

Castalia

Origen: griego.
Significado: de *kasteia*, «pureza».
Variante: Casta/o.
Onomástica: no tiene.

Ninfa amada por Apolo, que para escapar de él se arrojó a una fuente cercana a Delfos, en la que se ahogó. Dio nombre a la fuente, a la que iban a beber poetas y artistas, pues a sus aguas se les atribuía el don de la inspiración.

Cástor

Origen: griego, derivado del hebreo.
Significado: de *kástor*, «animal oloroso».
Variantes: Castor.
Onomástica: 29 de marzo.

En la mitología da nombre a uno de los hijos de Zeus, gemelo de Pólux, los cuales fueron llamados los *dioscuros*. Participaron en la guerra de Troya y en la expedición de los argonautas en busca del vellocino de oro. Muerto Cástor en una emboscada, quiso Zeus llevarse al cielo a Pólux, ofreciéndole la inmortalidad de los dioses, pero él no aceptó ir sin la compañía de su hermano. Por ello, Zeus concedió que los dos acompañaran a los dioses de forma alterna.

Dafne

Origen: griego.
Significado: de *daphne*, «laurel».
Variante: Dafnis.
Onomástica: no tiene.

Ninfa amada y perseguida por Apolo. Huyó hasta que, acosada y al límite de ser alcanzada, pidió ayuda a su padre, que la transformó en laurel para protegerla. El dios arrancó una rama, y se hizo una corona con ella.
Personajes ilustres: *Daphne Du Maurier* (1907-1989), escritora inglesa, que recuperó para el siglo XX la tradición de la novela romántica de misterio. Su mayor obra, «Rebeca» (1938), fue llevada al cine por Alfred Hitchcock en 1940.

Delfín/a

Origen: griego.
Significado: de *delphina*, «serpiente terrible».
Variantes: no tiene.

Onomástica: 24 de noviembre.

Es uno de los sobrenombres de Apolo, por haber matado a la serpiente pi-
tón llamada Delfina. Se hizo muy popular en la Edad Media como equivalente a príncipe, debido al título que recibía el primogénito y heredero de
la corona de Francia. El Tesoro del Delfín es el nombre de las alhajas que
Felipe V recibió de su padre, delfín de Francia. Consta de 120 valiosas joyas de los siglos XVI y XVII.
También se denomina delfín al popular cetáceo domesticable afecto a las
acrobacias.

Delia

Origen: griego.
Significado: de *delia*, «natural de la isla de Delos».
Variante: es apócope de Adela.
Onomástica: no tiene.

Sobrenombre de Diana o Artemisa que, al igual que su hermano Apolo, era
nacida en la isla de Delos que pertenece al archipiélago de las Cícladas y
que le da nombre. «Delia, objeto de la mayor virtud», es el nombre de una
obra poética de Maurice Scève (1544).

Diana

Origen: latín.
Significado: de *diana*, «día», y por extensión, «clara, luminosa».
Onomástica: 8 de junio.

Nombre latino que corresponde a Artemisa, la diosa de la caza en la mitología griega. Descrita como una doncella arisca que sólo era complacida por
la caza, es considerada la protectora de las Amazonas, que eran también
cazadoras, guerreras e independientes de cualquier atadura a los hombres.
Al igual que su hermano Apolo, se la representa armada con un arco.

En la vida militar el «toque de Diana» es un sonido de trompeta, que anuncia el amanecer y el inicio de las actividades del día.

Personajes ilustres: *beata Diana de Andaló* (siglo XIII), hermana del famoso pecador Lodemingo Dandalo, que ingresó en el monasterio de Santa Inés de Bolonia para expiar las culpas de éste; *Diana Spencer* (1961-1997), llamada popularmente Lady Di, princesa de Gales por su matrimonio con Carlos de Inglaterra, del que se divorció en 1996. Murió al año siguiente en París, en un trágico accidente de automóvil.

Dionisio/a

Origen: griego.
Significado: de *dyonisios*, «consagrado al dios Dionisos».
Variantes: Denís, Nisio/a.
Onomástica: 30 de diciembre.

Divinidad griega de origen tracio, patrón de las viñas, el vino y las fiestas orgiásticas, es llamado Baco en la mitología romana. Venerado también como dios de la procreación, representado con cabeza de toro o de macho cabrío.

Personajes ilustres: *Dionisio de Halicarnaso* (60 a. C.-10 d. C.), historiador griego autor de «Historia primitiva de Roma»; *Dionisio el Liberal* (1261-1325), rey de Portugal que fue un gran impulsor de la cultura lusa, fundador de la Universidad de Lisboa.

Doris

Origen: griego.
Significado: de *doris*, posiblemente «natural de Doria».
Variante: Dora.
Onomástica: no tiene.

Ninfa de la mitología griega, hija de Océano y esposa de Nereo, madre de las 50 Nereidas que personifican a las olas del mar.

Personajes ilustres: *Doris Lessing* (1919), escritora británica de origen iraní, autora de «El cuaderno dorado», «La buena terrorista» y «el quinto hijo»; *Doris Day* (1924), actriz, bailarina y cantante estadounidense, estrella de numerosos filmes musicales, en su madurez protagonizó historias dramáticas como «El trompetista» y «Un grito en la niebla».

Electra

Origen: griego.
Significado: de *elektron*, «ámbar».
Variantes: no tiene.
Onomástica: no tiene.

Hija de Agamenón y Clitemnestra, colaboró con su hermano Orestes para vengar el asesinato de su padre. Condenada a muerte, fue salvada por la intervención de Apolo. Entre las obras dramáticas basadas en su historia se cuentan: «Electra» (413 a. C.), tragedia de Eurípides; «Electra» (415 a. C.), tragedia de Sófocles; «Electra» (1909), ópera con música de Richard Strauss basada en la tragedia de Sófocles; y «A Electra le sienta el luto» (1931), pieza teatral de Eugene O'Neill.

Eneas

Origen: griego.
Significado: de *aineias*, «admirable», «loable».
Variantes: no tiene.
Onomástica: no tiene.

Héroe troyano con rango de semidiós, hijo de Afrodita y el mortal Anquises, destacó en la defensa de la ciudad sitiada. Al terminar la guerra se embarcó hacia las costas de África y llegó a Cartago, donde fue amado por la legendaria reina Dido. Luego continuó viaje hacia la península itálica y se instaló en el Lacio. Allí contrajo matrimonio con Lavinia, hija del rey Latino de Lavinium. Algunas tradiciones le atribuyen la fundación de la ciudad de Roma, contradiciendo la leyenda de Rómulo y Remo.

Personajes ilustres: *Eneas de Gaza* (460-520), filósofo judío convertido al cristianismo, trató la inmortalidad del alma y el Juicio Final en los diálogos de su obra «Teofrasto».

Eros

Origen: griego.
Significado: de *eros*, «amor».
Variantes: no tiene.
Onomástica: no tiene.

Dios del amor, llamado Cupido por los romanos, protagonista junto a Psique de una de las leyendas más célebres. Psique, de belleza sobrehumana, tenía dificultades para casarse y fue abandonada para que un monstruo se apoderara de ella. Éste resultó ser Eros, que le advirtió que no lo viera si no quería perderlo. Una noche mientras Eros dormía, Psique descubrió con una lámpara la belleza del joven, derramando sobre él una gota de aceite, que lo despertó y provocó su huida.

Entre las obras de arte inspiradas en este tema, destaca «Eros y Psique», cuadro del pintor francés François Gérard (1770-1837), retratista oficial de la familia imperial. *Eros* es también el nombre dado por los astrónomos al asteroide 433.

Personajes ilustres: *Eros Ramazzoti* (1963), cantautor italiano de cierta fama internacional por sus canciones románticas.

Eurídice

Origen: griego.
Significado: de *euriedes*, «amplio» y *dyke*, «justicia»: «la gran justiciera».
Variantes: no tiene.
Onomástica: no tiene.

Eurídice es la protagonista femenina del mito de Orfeo, del que era esposa. Perseguida por Aristeo, dios de las viñas y la apicultura, fue mordida por una serpiente que le causó la muerte. Desesperado, Orfeo fue a buscarla a los infiernos y consiguió liberarla. Pero olvidó su juramento de no mirar a Eurídice durante el viaje de retorno, y la perdió para siempre.

Héctor

Origen: griego.
Significado: de *hektoren*, «esculpir» y, por extensión, «educar».
Variantes: no tiene.
Onomástica: no tiene.

En la «Ilíada» de Homero, el nombre de Héctor corresponde al héroe troyano que lidera a sus compatriotas y lleva los asuntos de la guerra. En el momento de sucumbir a manos de Aquiles, le predijo a éste su próxima muerte. Aquiles amarró su cadáver a un carro, arrastrándolo alrededor de las murallas de Troya. Finalmente dejó el cuerpo sin protección, al alcance de perros y aves carroñeras.
Personajes ilustres: *Héctor Berlioz* (siglo XIX), compositor francés, creador de la «Sinfonía fantástica» y «Romeo y Julieta»; *Éttore Scola* (1931), director cinematográfico italiano, autor de «Una jornada particular», «La familia», y «Competencia desleal».

Helena

Origen: griego.
Significado: probablemente de *helan*, «antorcha», «luminosa».
Variantes: Elena, Heleno, Helenio/a.
Onomástica: 18 de agosto.

Personaje legendario en la «Ilíada», era considerada la mujer más hermosa de Grecia. Fue raptada por Paris, hecho que desencadenó la guerra de Troya.
Personajes ilustres: *Helen Keller* (1880-1968), escritora estadounidense que, ciega y sordomuda, fue instruida por la terapeuta Ana Sullivan; *Helenio Herrera* (1916-1997), mítico entrenador de fútbol nacido en Buenos Aires, llamado popularmente «El mago». Dirigió diversos equipos en Francia, España e Italia, obteniendo numerosos trofeos, en especial con el Inter

de Milán. Entrenó al Barcelona en dos oportunidades, retirándose en 1978; *Elena de Borbón y Grecia* (1963), infanta española, duquesa de Lugo, hija primogénita del rey Juan Carlos I y Sofía de Grecia. En 1994 contrajo matrimonio con Jaime de Marichalar.

Hércules

Origen: griego.
Significado: de *hercer*, «cerrar», «custodiar».
Variantes: Heraclio, Herculano.
Onomástica: no tiene.

Nombre que recibe en la mitología romana el legendario héroe griego Heracles. Hijo de Zeus y Alcmena, fue educado por el centauro Quirón. Célebre por su fuerza y tenacidad, se le encomendaron doce trabajos de gran dificultad y valor, entre ellos el rescate de Europa, secuestrada por el toro de Creta y la lucha contra el león de Nemea. El significado de este nombre proviene de la función original del héroe, que se encargaba de proteger la propiedad privada.

Hércules Poirot es un personaje creado por la novelista británica Agatha Christie (1891-1976), que encarna a un detective belga; «Hércules furioso», tragedia de Eurípides en la que narra el enloquecimiento del héroe y su entrada en Atenas.

Hermes

Origen: griego.
Significado: de *hermeneus*, «intérprete», «mensajero».
Variantes: Hermas, Hermeis.
Onomástica: 28 de agosto.

En la mitología griega, Hermes es hijo de Zeus y Maya. Inventor de la lira usando la cavidad de una concha de tortuga y cuerdas de intestino de buey, actuaba como mensajero e intermediario de los dioses. Dios del comercio y protector contra el robo, guiaba a los viajeros por los caminos. Se lo representa con sandalias aladas y empuñando el caduceo, vara con alas y serpientes entrelazadas, que era el símbolo de sus funciones de heraldo. Su nombre latino es Mercurio.

El caduceo de Hermes ha sido adoptado también como símbolo de la medicina y de los profesionales que la ejercen.

Horacio

Origen: latín.
Significado: de *Horarius*, «horario, referente a las horas».
Variantes: no tiene.
Onomástica: no tiene.

Nombre portado por una noble familia romana, a la cual pertenecía Quinto Horacio, célebre poeta latino. Una leyenda romana cuenta la historia del héroe Horacio el Tuerto, que en una ardua batalla contra los etruscos rugió con su poderosa voz desde el bosque de acampada, y consiguió asustar y hacer huir a los enemigos.

Personajes célebres: *Horace Walpole* (1717-1797), escritor inglés precursor de la novela gótica, es autor de «El castillo de Otranto» y de una nutrida y brillante correspondencia; *Horace Nelson* (1758-1805), almirante inglés que venció a la fuerzas francoespañolas en Trafalgar, donde fue mortalmente herido; *Horacio Quiroga* (1878-1937), escritor uruguayo especialista en relatos breves ambientados en la selva sudamericana, como «Cuentos de amor de locura y de muerte», «Anaconda», o «Cuentos de la selva».

Janira

Origen: griego.
Significado: de *Iannos*, «jónico».
Variantes: Janiro, Yanira.
Onomástica: no tiene.

Nombre de la nereida o ninfa oceánida que en la leyenda griega pertenece a una de las hijas de Océano y Tetis. Las oceánidas eran muy numerosas y representaban la fecundidad del mar y de los ríos. Entre las más conocidas se cuentan también Estigia y Aretusa.

Jimena

Origen: navarro.
Significado: variante de Simeón.
Variantes: Jimeno, Simeón, Ximena.
Onomástica: 8 de octubre.

Nombre proveniente de la lengua nasa, un antiguo dialecto navarroaragonés, se popularizó a partir de doña Jimena (siglo XI-XII), dama castellana hija del conde de Oviedo, prima de Alfonso VI, que se casó con Rodrigo Díaz de Vivar, «El Cid Campeador».

Júpiter

Origen: latín.
Significado: adaptación de *Zeus pater*.
Onomástica: no tiene.

Nombre latinizado del dios griego Zeus, es considerado dios de la luz, del cielo y del tiempo. En la religión romana la importancia de Júpiter fue cada vez mayor, asociándose al poder supremo como rey de los dioses. Varios emperadores se acogieron a su protección.

Lara

Origen: latín.
Significado: de *lar*, «hogar, casa».
Onomástica: no tiene.

En la mitología romana, el nombre corresponde a las deidades que presiden el hogar o los recintos domésticos. En la leyenda griega, era una ninfa apodada «la charlatana», a la que Júpiter le arrancó la lengua y la castigó enviándola a los infiernos.

«Los siete infantes de Lara», es una leyenda española de finales de siglo X. Lleva también este nombre un personaje de la novela «El doctor Zivago» de Boris Pasternak.

Personajes célebres: *La Casa de Lara* es un linaje español originario de Castilla, cuyos miembros tuvieron gran influencia en la Edad Media. Pertenecieron a él Fernán González, Juan Núñez de Lara y Fernando de Antequera, futuro Fernando I de Aragón.

Leda

Origen: griego.
Significado: de *léda*, «señora».
Variantes: Ledia.
Onomástica: no tiene.

Según una conocida leyenda griega, Leda era la hija del rey de Etolia y esposa de Tíndaro, soberano de Esparta. Zeus se transformó en cisne para seducirla, y de sus amores nacieron dos parejas de gemelos célebres: la de Clitemnestra y Helena, y la de Cástor y Pólux, llamados «los dioscuros». **La pasión del dios y la joven mortal es tema de la** famosa obra pictórica «Leda y el cisne», atribuida a la escuela de Leonardo.

Licio/a

Origen: griego.
Significado: de *lyke*, «luz».
Variantes: Liciano/a.
Onomástica: no tiene.

El origen del nombre puede corresponder al gentilicio de la región homónima del Asia Menor, situada en la costa del Mediterráneo, aunque la variante masculina también aparece en la mitología griega como sobre-nombre de Apolo.

Maya

Origen: griego.
Significado: de *maia*, «madre».
Variantes: Maia.
Onomástica: no tiene.

El nombre corresponde a la leyenda griega sobre la ninfa que amó a Zeus y fue madre de Hermes. En la antigua religión romana aparece otra deidad con el mismo nombre, aunque sin relación con la anterior.
Personajes célebres: *Maia Plisetskaia* (1925), bailarina y coreógrafa rusa, primera figura del ballet del Teatro Bolshoi de Moscú, que alcanzó gran celebridad internacional a mediados del siglo XX. Luego siguió traba-jando como coreógrafa y profesora de baile; y entre 1987 y 1989 dirigió el ballet del Teatro Lírico Nacional español.

Melisa

Origen: griego.
Significado: de *mélissa*, «abeja».
Variantes: Meliso.
Onomástica: no tiene.

Es el nombre mitológico de una sacerdotisa de la deidad de la agricultura, Deméter, que murió lapidada por no querer desvelar los secretos de su dio-sa, la cual hizo que del cadáver surgieran abejas. Corresponde también al nombre de la nodriza que alimentó a Zeus cuando éste era niño.
Personajes célebres: *Meliso* (siglo V a. C.), filósofo griego nacido en Sa-mos, que fue discípulo de Parménides y último representante de la escuela de Elea.

Minerva

Origen: latín.
Significado: de *menervare*, «advertir».
Variante: Minervo.
Onomástica: 23 de agosto.

Diosa romana introducida por los etruscos, equivalente a la griega Atenea, es representada como la deidad del intelecto y la sabiduría. Las escuelas de la antigua Roma hacían fiesta en el día de celebración de su festividad, y formaba con Júpiter y Juno la llamada «Trilogía capitolina».

Mirta

Origen: griego.
Significado: de *myrtos*, «mirto».
Variantes: no tiene.
Onomástica: no tiene.

Es el nombre que se le daba a la diosa Afrodita, nombre griego de Venus, ya que el arbusto *myrtos* estaba consagrado en su honor.

Morgana

Origen: bretón (dialecto celta).
Significado: de *mor* «mar» y *gwens* «mujer bella».
Variante: Morgan.
Onomástica: no tiene.

Este nombre se popularizó a partir de las leyendas artúricas, en las que Morgana es una enigmática hechicera, hermana del rey Arturo y discípula del mago Merlín.
Personajes célebres: *sir Henry J. Morgan* (1635-1688), despiadado corsario inglés designado almirante por sus propios bucaneros, ejerció la piratería contra los enclaves españoles en América, asolando Puerto Príncipe,

Portobelo, Maracaibo y Panamá. El rey Carlos II le otorgó el título de nobleza y en 1674 lo nombró gobernador general de Jamaica.

Nara

Origen: indio.
Significado: de *malá*, «hombre primitivo».
Variantes: no tiene.
Onomástica: no tiene.

Es uno de los nombres que se dan al dios Visnú, que junto con Brahma y Siva forma la Trimurti, principal trinidad de la religión hinduista. Originalmente es un nombre masculino, que por su sonido suele utilizarse como femenino.

Personajes célebres: *Nara Leao* (1945), cantante brasileña, que junto a Chico Buarque, Elis Regina y Joao Gilberto, entre otros, protagonizaron el surgimiento de la llamada *bossa nova*.

Narciso/a

Origen: griego.
Significado: de *narkissos*, «adormecido».
Variantes: no tiene.
Onomástica: 29 de octubre.

En la mitología griega Narciso era un joven de notable belleza, al que el augur Tiresias vaticinó una larga vida siempre que nunca contemplara su propia imagen. Pero el mancebo vio casualmente su rostro reflejado en el agua de una fuente, y permaneció contemplándose fascinado hasta dejarse morir de inanición y melancolía.

Personajes célebres: *Narcís Monturiol* (1829-1885), inventor y político español nacido en Figueras, difusor del socialismo utópico e inventor de un navío submarino, cuyo prototipo denominado *Ictíneus* no prosperó, pese a pasar con éxito diversas pruebas; *Narciso Ibáñez Serrador* (1935), guionista, director y productor televisivo español nacido en Montevideo, hijo de los actores Narciso Ibáñez Menta y Pepita Serrador, alcanzó gran éxito en televisión con sus programas «Un, dos, tres» y «Hablemos de sexo», así como con las series «Historias frívolas» y, especialmente, «Historias para no dormir»; posteriormente produjo los programas «Waku-Waku» y «El semáforo»; *Narcís Serra* (1943), político socialista español nacido en Barcelona, fue alcalde de esa ciudad entre 1979 y 1982, y luego ministro de Defensa; en 1991 fue designado vicepresidente del Gobierno, cargo que ejerció hasta 1995.

Nereida

Origen: griego.
Significado: de *nereis*, «hija de Nereo».
Variantes: Nereya, Nerei.
Onomástica: no tiene.

La mitología griega describe a las ninfas nereidas como divinidades marinas que viven en el fondo del mar, y que representan las olas.

Néstor

Origen: griego.
Significado: «el que regresa feliz».
Onomástica: 4 de marzo.

En la «Ilíada» es el nombre del maduro rey de Pilos, admirado por su prudencia, valeroso en el campo de batalla y hábil en los consejos. En su juventud, escapó de la matanza que Heracles perpetró sobre sus once hermanos.
Personajes célebres: *Néstor* (siglo XI), cronista ruso, autor de la principal obra histórica sobre su país en los inicios de la Edad Media; *Néstor Almendros* (1930-1992), director de fotografía español que obtuvo el Oscar a la mejor fotografía por la película «Días de cielo» (1977); *Néstor Luján* (1922- 1995) historiador y gastrónomo español nacido en Mataró, popular autor de artículos y libros sobre ambas materias.

Nidia

Origen: griego.
Significado: de *nitidus*, «brillante».
Variantes: no tiene.
Onomástica: no tiene.

Es el femenino de *Nidius*, que se generalizó como nombre a raíz de un personaje de la novela «Los últimos días de Pompeya».

Ninfa

Origen: griego.
Significado: de *nimpha*, «novia».
Onomástica: 10 de noviembre.

En la mitología las ninfas son jóvenes divinidades menores que habitan las aguas y los bosques. Personifican la fecundidad de la naturaleza y suelen ser perseguidas por dioses y semidioses con fines eróticos.
Esta leyenda ha dado nombre a la «ninfomanía», enfermedad psicosomática que produce una constante excitación sexual femenina.

Odila

Origen: escandinavo.
Significado: femenino del dios *Odín*, «el que marcha con violencia».
Variantes: Odín, Odón, Obdulia, Odilia.
Onomástica: 13 de diciembre.

Odín, también conocido como Wottan por los germanos, pertenece a la mitología escandinava, en la que su culto aparece asociado a la protección de la cultura y las artes, aunque a la vez es venerado como dios de la guerra.
Personajes célebres: *san Odón* (879-943), eclesiástico francés que desempeñó el cargo de segundo abad de Cluny, en donde introdujo reformas que convirtieron a la orden cluniacense en un factor poderoso e influyente dentro de la Iglesia.

Ondina

Origen: latín.
Significado: de *unda*, «onda», «ola».
Onomástica: no tiene.

En las mitologías germánicas y escandinavas da nombre a los espíritus femeninos que habitan en las profundidades del mar. Corresponden a las nereidas y oceánidas de las leyendas griegas, y según la tradición no tenían alma, pero podían obtenerla casándose con un hombre que les diera un hijo.
Ese mito inspiró al barón de la Motte Fouqué el tema de su novela «Ondina», y al comediógrafo francés Armand Giradoux la pieza teatral del mismo nombre.

Orfeo

Origen: desconocido, quizás griego.
Significado: probablemente de *orphanós*, «huérfano».
Variantes: no tiene.
Onomástica: no tiene.

Dentro de la mitología griega aparece como cantor, músico y poeta. Se le considera inventor de la cítara, instrumento similar a la lira. Muerta su esposa Eurídice, bajó a los Infiernos para recuperarla y logró convencer a Hades con el encanto de su música. Pero en el camino de regreso violó la prohibición de no mirar a Euridíce, y ésta desapareció para siempre.
El aumentativo Orfeón se ha generalizado para denominar las agrupaciones corales sin acompañamiento musical, como el *Orfeó Català*, fundado en Barcelona en 1891, o el *Orfeón Donostiarra*, creado en San Sebastián en 1897.
«Orfeo y Eurídice», es el título de una de las más de cien óperas que compuso el compositor alemán Christoph Willibald Gluck (1714-1787).

Pandora

Origen: griego.
Significado: de *pandoron*, «todo don».
Onomástica: no tiene.

En la leyenda mitológica da nombre a la primera mujer, que por mandato de Zeus fue creada como regalo a los hombres para su desgracia. Se casó con Epitemo, poseedor de una caja cerrada que contenía todos los males. Pandora la abrió por curiosidad, y los males se esparcieron por el mundo. Sólo la esperanza, que había quedado en el fondo, no pudo escapar.
«La caja de Pandora»(1951) es una película de Hollywood protagonizada por Ava Gardner y el actor torero Mario Cabré, rodada en Tossa de Mar, población de la Costa Brava catalana.

Penélope

Origen: griego.
Significado: del griego *pene*, «hilo» y *lopia*, «hinchazón».
Onomástica: 1 de noviembre.

Penélope es la esposa de Ulises en la mitología griega. Célebre por la fidelidad guardada a su marido, a quien esperó durante los veinte años que él dedicó a la guerra de Troya. Para deshacerse de los pedidos de sus numerosos pretendientes, les dijo que elegiría a uno de ellos cuando hubiera terminado de tejer la mortaja de su suegro, Laertes. Pero el tejido elaborado durante el día lo deshacía durante la noche, hasta el esperado regreso de Ulises.
Personajes célebres: *Penélope Cruz* (1974), actriz de cine española de renombre internacional, su revelación se produjo en 1992 con «Belle Époque». Después vinieron «Jamón, jamón», «La niña de mis ojos» y sobre todo el filme de Almodóvar «Todo sobre mi madre», que le sirvió de trampolín a Hollywood.

Robin

Origen: anglosajón.
Significado: diminutivo de Robert, *hrode-berht*, «glorioso y famoso».
Variante: Roberto.
Onomástica: no tiene.

Su popularidad en el área anglosajona proviene de Robin Hood, personaje legendario inglés, jefe de una banda de proscritos que representa la resistencia sajona frente a la invasión normanda. La poesía popular lo sitúa entre los siglos XII y XV, aunque la versión más aceptada se centra en tiempos del rey Ricardo Corazón de León (1157-1199).
Personajes célebres: *Robin Williams* (1948), actor estadounidense que destaca tanto en papeles cómicos como dramáticos, ha protagonizado películas como «Buenos días, Vietnam», «Despertares» o «El club de los poetas muertos».

Rolando/a

Origen: germánico.
Significado: de *hroadland*, «tierra gloriosa».
Variantes: Roldán/a.
Onomástica: 27 de agosto.

El nombre se instaura a partir del «Cantar de Roldán» o *Chanson de Roland*, cantar de gesta francés del siglo XI, en el que se describe la derrota de Carlomagno por los vascos en el desfiladero de Roncesvalles (Pirineo navarro) ocurrida a finales del siglo VIII.

Rómulo/a

Origen: latín.
Significado: del nombre latino *Romulus*, y éste quizás de rumina, «higuera».
Variantes: no tiene.
Onomástica: 5 de setiembre.

Rómulo es uno de los protagonistas de la fundación mitológica de Roma. Se lo considera hijo del dios Marte, que junto con su hermano Remo fueron abandonados siendo aún niños de pecho y una loba los amamantó. Según la leyenda este hecho ocurrió bajo una higuera, y de ahí vendría su nombre.
Personajes célebres: *Rómulo Gallegos* (1884-1969), novelista y político venezolano que fue elegido presidente de la República en 1947. De su obra destacan: «Doña Bárbara», «Reinando Solar» y «La trepadora».

Semíramis

Origen: asirio.
Significado: de *shammuramat*, «amiga de las palomas».
Variantes: no tiene.
Onomástica: no tiene.

Nombre célebre por la reina de Asiria y Babilonia, fundadora de esta última ciudad, lugar donde mandó edificar magníficos palacios y los famosos jardines colgantes, que se consideraban una de las siete maravillas del mundo.

Sigfrido

Origen: germánico.
Significado: de *sigifrith*, «paz victoriosa».
Variantes: Sigifrido, Sifredo, Sigrid.
Onomástica: 15 de febrero.
En la leyenda germánica y escandinava (en ésta última conocido como *Sigurd*), es el héroe de admirable fuerza y belleza. Mató al dragón Fafner y se bañó en su sangre, inmersión que le confirió invulnerabilidad.
«Sigfrido» es el título de una ópera del compositor alemán Richard Wagner (1813-1883), que forma parte de la tetralogía «El anillo del nibelungo».

Silvio/a

Origen: latino.
Significado: de *silva* «bosque, selva».
Variantes: Silvino/o, Silvano/a.
Onomástica: 21 de abril.

De acuerdo a la leyenda, este nombre corresponde a Rea Silvia, hija de Numítor y madre de Rómulo y Remo, fundadores de Roma. En otra leyenda, Silvio, hijo de Eneas y Lavinia, fue fundador de Alba Longa y dio nombre a todos los reyes que gobernaron esa antigua ciudada del Lacio.
Personajes célebres: *Silvio Berlusconi* (1936), político y hombre de negocios italiano nacido en Milán, que fue designado jefe del Gobierno tras las elecciones de mayo de 2001; *Silvana Mangano* (1939-1989), actriz de cine italiana, que participó en películas como «Arroz amargo» o la «Muerte en Venecia»; *Silvio Rodríguez* (1946), cantautor cubano impulsor de la Nueva Trova surgida como expresión musical de la revolución castrista.

Ulises

Origen: griego/ etrusco.
Significado: del griego *odysseus*, «el que hace camino», por posible influencia del etrusco *Uluxe*.
Variantes: no tiene.
Onomástica: no tiene.

Nombre del más célebre de los héroes mitológicos antiguos, cuya leyenda constituye el tema de la «Odisea» de Homero. Esposo de Penélope, tomó parte en la guerra de Troya, destacando como combatiente de gran valor, a la vez que diplomático prudente y eficaz.
También lleva el título de «Ulises» la novela publicada en 1922 por el escritor irlandés James Joyce, que se hizo célebre por su lenguaje innovador.
Personajes célebres: *Ulysses Grant* (1822-1885), general que comandó los ejércitos del Norte en la guerra de Secesión de los Estados Unidos. Elegido presidente en 1868, impulsó la industrialización de su país.

Venus

Origen: latino.
Significado: de *venire*, «venir», con el sentido de desear.
Variantes: Venusto, Venustiano/a.
Onomástica: no tiene.

En la mitología romana es la diosa del amor y la belleza, equivalente a la Afrodita griega. Por extensión se llama, figuradamente, Venus a cualquier mujer hermosa.
Es además el nombre del segundo planeta del sistema a solar.
Personajes célebres: *Venus Williams* (1980), jugadora de tenis estadounidense, que en febrero de 2002 se convirtió en número uno del ranking mundial; es la primera tenista negra en alcanzar la cima de ese deporte.

Zeus

Origen: griego.
Significado: de *Zeus*, nombre del rey de los dioses del Olimpo.
Variantes: no tiene.
Onomástica: no tiene.

Equivalente al Júpiter romano, Zeus es la mayor de las deidades helénicas, dios de la luz y del cielo, soberano de todos los dioses. Protagonista de numerosas leyendas, las más conocidas son las que relatan sus distintos amoríos con diosas y mortales. Zeus tomaba diversas formas para seducirlas, presentándose ante ellas como un toro, un cisne o una lluvia de oro.

Nombres de
la Antigüedad Clásica

Los nombres que nos han llegado de las culturas fundadoras de la civilización occidental mantienen un cierto prestigio como nombres propios. Aunque muchos han ido cayendo en desuso, otros aún se emplean con frecuencia, sorteando las modas onomásticas.

Agesilao

Origen: griego.
Significado: de *agein*, «obrar» y *laos*, «pueblo»: el que obra a favor del pueblo.
Onomástica: no tiene.

Nombre de dos reyes de Esparta, Agesilao I (siglos X-IX a. C.) y Agesilao II (siglo IV a. C.). Éste último luchó contra los persas, atenienses y tebanos.

Agripina/o

Origen: iraní / latín.
Significado: del iraní oriental *agro*, «primero» y *pedo*, «pies»: «nacido sacando primero los pies», que formó la voz latina Agripa.
Onomástica: 23 de junio.

El nombre Agripina significa «de la familia de Agripa», y le dio fama Agripina la Menor, emperatriz de Roma de vida tan disoluta como trágica. Tras su matrimonio con su tío el emperador Claudio, lo convenció de adoptar a

Nerón, hijo de un matrimonio anterior. Luego envenenó a su esposo para dar el trono a Nerón, que a su vez la hizo asesinar.

Personajes célebres: *Agripina la Mayor* (siglo I), dama romana esposa de Germánico y madre de Calígula y Agripina la Menor, murió en el destierro por su enemistad con Tiberio, al que acusó de matar a su esposo; *Agrippa von Nettesheim* (siglo XVI), filósofo, médico, y alquimista alemán, autor de *De occulta philosophiae*.

Alejandrino/a

Origen: latín.
Significado: de *Alexandrinus*, «de la familia de Alejandro».
Variantes: Alejandro/a.
Onomástica: no tiene.

Con este nombre se designa al pensamiento, la cultura y el arte desarrollado en la ciudad de Alejandría entre los siglos IV y I a. C. El verso alejandrino se compone de catorce sílabas, divididas en dos partes o hemistiquios de siete sílabas.

Alejo

Origen: griego.
Significado: de *alexo*, «el defensor».
Variante: Alexis.
Onomástica: 17 de julio.

Nombre llevado por diversos emperadores bizantinos, es aún frecuente en Rusia y los países eslavos.

Personajes célebres: *San Alejo* (Roma, siglo V); *Alejo i Mijailovich* (siglo XVIII), zar de Rusia, padre de Pedro el Grande; *San Alejo* (siglo XIII-XIV), prelado ruso, tercer metropolitano de Moscú, declarado patrón protector de Rusia por la Iglesia Ortodoxa; *Alejo Carpentier* (1904-1980), escritor cubano, autor de «El reino de este mundo» y «El siglo de las luces».

Alexis

Origen: ruso, tomado del griego.
Significado: de *a-lexius*, «defensor».
Variantes: versión rusa de Alejo.
Onomástica: 12 de febrero.

Personajes célebres: *Alexis* (siglo IV a. C.), comediógrafo griego; *san Alexius* (siglo XIV), patriarca ortodoxo al que se atribuyen numerosos milagros, tradujo los evangelios al ruso.

Alicia

Origen: griego.
Significado: de *alethos*, « real», «verdadero».
Variantes: Aleta, Alina, Aleth.
Onomástica: 11 de junio.

Existen otras versiones sobre el origen este nombre, que sostienen que es una variante de los nombres Eloísa y Adela.
«Alicia en el país de las maravillas», es una popular obra del matemático y escritor británico Lewis Carroll (1832-1898).
Personajes célebres: *Alicia Alonso* (1920), bailarina, directora y coreógrafa cubana, considerada entre las mejores de su época; *Alicia de Larrocha* (1923), pianista española que recibió el premio Nacional de la música (1985) y el premio Príncipe de Asturias de las Artes (1994).

Alida

Origen: griego.
Significado: de *A'lis*, variante dórica de Hélida.
Variantes: Hélida, Álida, Aldo/a.
Onomástica: 26 de abril.

El origen de este nombre, Hélida, es el gentilicio que se utilizaba en la antigua Grecia para designar a las personas del Peloponeso.

Personajes célebres: *Alida Valli* (1921), actriz de cine y teatro italiana, que participó en películas tan destacadas como «Senso» y «La luna».

Apeles

Origen: griego.
Significado: «consejero del pueblo».
Onomástica: 22 de abril.

Apeles fue el nombre del más célebre de los pintores de la antigüedad griega. Vivió entre los siglos IV y III a. C. en la corte de Filipo y Alejandro Magno en Macedonia.
Personajes célebres: *Apel·les Mestres* (1854-1936), escritor y dibujante catalán, autor de «Idilios» y de varios libros de memorias.

Arístides

Origen: griego.
Significado: de *aristos*, «el mejor».
Variantes: Aristídes.
Onomástica: 31 de agosto.

Arístides el Justo (540-468 a. C.), fue un político y general ateniense. Condenado al ostracismo por su rival Temístocles, fue posteriormente reclamado por el pueblo para liderar la defensa frente a la invasión persa de Jerjes. En el 478 a. C. fue nombrado arconte (magistrado).
Personajes célebres: *Arístides Mallol* (1861-1944), artista plástico francés que trabajó en diversas ramas artísticas, como la escultura, la pintura, la tapicería, la cerámica y la ilustración de libros.

Aurelio

Origen: latín.
Significado: de *aurelius*, «brillante».
Variantes: Aureliano/a, Aurelia.
Onomástica: 20 de julio.

Nombre célebre por el emperador romano Marco Aurelio (121-180), que destacó por su talante filosófico y sus numerosas victorias militares. Luchó contra los partos y contra los marcomanos. Amplió los derechos de los pobres y los esclavos y aplicó una interpretación generosa del derecho romano. *Aureliano Buendía* es el nombre del protagonista de la novela «Cien años de soledad», del premio Nobel colombiano Gabriel García Márquez.

Casio

Origen: latín.
Significado: de *cassius*, procedente de cassi, «yelmo».
Onomástica: 10 de octubre.

Casio fue uno de los conjurados en el asesinato de César. Apoyó a Marco Antonio frente a Octavio y combatió en la batalla de Actium (31), posteriormente fue asesinado por orden de Octavio.
Personajes célebres: *Casio Prudens* general romano que combatió contra los partos; *Cassius Clay* (Muhammad Alí) boxeador estadounidense, campeón olímpico de los pesos semipesados en 1960, revalidó su título en 1974 y 1978.

Cecilio/a

Origen: etrusco.
Significado: de *caecilius*, «corto de vista».
Variantes: Ceci, Cecil, Cecili.
Onomástica: 22 de noviembre (Cecilia).

Nombre que perteneció a una familia romana, tal vez inspirado en el dios menor *Coeculus*, diminutivo de Coecus, que significa «ciego».

Personajes célebres: *Santa Cecilia* (siglo III), doncella romana de fe cristiana. Condenada al martirio por el emperador Marco Aurelio, cantó hasta su muerte, por lo que fue consagrada como patrona de la música; *Cecilia Metela* (siglo I), matrona de una ilustre familia romana, cuyo mausoleo aún puede visitarse en la Vía Apia; *Cecil B. de Mille* (1881-1959), director de cine, introdujo en Hollywood los filmes bíblicos de gran espectáculo.

César

Origen: latín.
Significado: de *caesar*, «cabelludo».
Variantes: Cesarino/a, Cesareo, Cesario.
Onomástica: 15 de marzo / 15 de abril.

Nombre llevado por el más célebre de los generales romanos. Formó un triunvirato junto con Craso y Pompeyo. Después de la muerte de Craso, se desató una guerra civil entre los dos restantes, de la cual César salió victorioso. Fue nombrado dictador perpetuo, murió asesinado en el año 44 por un grupo de republicanos.
Personajes célebres: *Cesare Pavese* (1908-1950), escritor italiano que perteneció a la generación neorrealista, autor de «El diablo en las colinas» y «El oficio de vivir»; *César Cui* (1835-1918), compositor ruso que formó parte del Grupo de los Cinco; *César Rincón* (1966), torero colombiano.

Claudio/a

Origen: latín.
Significado: de *claudius*, «cojo».
Variantes: Claudiano/a.
Onomástica: 18 de febrero.

Emperador romano que ensanchó las fronteras del imperio y fue un gran administrador. Murió envenenado por su esposa Agripina.
Personajes célebres: *Claudio Monteverdi* (1567-1643); compositor italiano precursor de la ópera en su país; *Claude Monet* (1840-1926), pintor

francés, fue uno de los más destacados representantes del impresionismo; *Claude Chabrol* (1930), cineasta francés perteneciente a la *nouvelle vague*, autor entre otras de «Doctor Casanova» y «El caballo del orgullo».

Emilio/a

Origen: griego.
Significado: de *aimílios*, «cordial», «amable».
Variantes: Emiliano/a.
Onomástica: 22 de mayo.

El uso de este nombre es muy habitual, tanto en masculino como femenino. Refiere a la región italiana de Emilia-Romagna, y fue llevado por una importante *gens* o familia de la antigua Roma, que se decía descendiente de Pitágoras. Su presencia en la historia quedó registrada en la Vía Emilia, comenzada en 187 a. C. para unir Rímini con Piacenza.
Personajes célebres: *Marco Emilio Emiliano* (206-253), patricio y general romano, elegido emperador por sus oficiales y asesinado por éstos mismos poco después, cuando las legiones de Recia proclamaron emperador a Valeriano; *Emily Brönte* (1818-1848), escritora inglesa, que alcanzó gran éxito con la novela «Cumbres borrascosas», al igual que sus hermanas Anne (con «La dama de Wildfell Hall») y Charlotte (con «Jane Eyre»); *Emilio Castelar* (1832-1899), político y orador español nacido en Cádiz, ministro de Estado de la primera República en 1873 y diputado republicano en las cortes de la Restauración, es tenido por el más brillante orador parlamentario de la España del siglo XIX.

Escipión

Origen: latín.
Significado: de *scipio*, «báculo o bastón».
Onomástica: no tiene.

Sobrenombre de Publio Cornelio, general romano del siglo III a. C., aludiendo a su carácter de buen hijo que ayuda a su padre. Destacó por su victoria frente al cartaginés Aníbal, por lo que fue llamado el Africano. Los

Escipiones eran una familia de la antigua Roma, de la *gens* Cornelia, constituida en el siglo IV a. C. Aparte del Africano, nacieron en su seno numerosos generales.

Personajes célebres: *Lucio Cornelio Escipión*, llamado «el Asiático» (siglo III), hermano de Escipión el Africano, al que acompañó en sus batallas. Luego realizó una exitosa campaña en el Asia Menor, lo que le valió su apelativo.

Eugenio/a

Origen: griego.
Significado: de *eugenos*, «de buena casta».
Variantes: no tiene.
Onomástica: 18 de julio.

Este nombre de raíz griega fue adoptado por la aristocracia romana en razón de su significado. En el siglo XIX alcanzó gran popularidad por la figura de Eugenia de Montijo, bella condesa española que fue emperatriz de Francia por su boda con Napoleón III.

Personajes célebres: *Eugeni d'Ors* (1881-1954), escritor y polígrafo español nacido en Barcelona, considerado uno de los mayores prosistas en catalán, escribía asimismo en castellano y en francés; es autor de las novelas «La bien plantada» y «Gualba de las mil voces», entre otras obras de crítica y análisis literario. *Eugène Ionesco* (1912-1994), comediógrafo francés de origen rumano, considerado el padre del teatro del absurdo, en su brillante producción se cuentan «La cantante calva», «Las sillas» y «Rinoceronte».

Fabio/a

Origen: latín.
Significado: de *fabius*, «relativo a las habas».
Variantes: Fabiola, Fabián.
Onomástica: 31 de junio / 21 de marzo (Fabiola).

Nombre de una familia de la antigua Roma, que pasó a la onomástica cristiana por san Fabio, mártir del siglo III.

Personajes célebres: *Fabiola de Mora y de Aragón* (1928), reina consorte de Bélgica desde 1960 hasta la muerte de su esposo el rey Balduino, en 1993.

Irene/o

Origen: griego.
Significado: de *eirene*, «paz».
Variantes: Ireneo.
Onomástica: 5 de abril.

Irene es la diosa de la paz en la mitología griega. El uso de este nombre proviene también de la emperatriz bizantina del siglo VIII que fue esposa de León IV y regente hasta la mayoría de edad de su hijo Constantino VI. Destronó a éste y posteriormente fue exiliada por intentar casarse con Carlomagno.
Personajes célebres: *Irene Papas* (1936), actriz teatral y cinematográfica griega, que participó en películas como «Zorba el griego» y «Edipo rey».

Julio/a

Origen: latín.
Significado: de *Iulius*, nombre del hijo de Eneas.
Variantes: Julián, Juliano/a, Julieta.
Onomástica: 12 de abril (Julio) / 10 de diciembre (Julia).
Nombre llevado por una de las más célebres de las familias romanas. Se consideraban descendientes directos de Eneas, fundador de la ciudad, y por tanto estaban emparentados con los mismos dioses.
Personajes célebres: *Jules Verne* (1828-1905), novelista francés creador de la novela de aventuras científicas y geográficas; *Julio Cortázar* (1914-1984), escritor argentino destacado por su obra narrativa, entre la que destaca «Rayuela»; *Giulio Andreotti* (1919), político italiano, ha sido varias veces ministro y jefe del gobierno.

Leticia

Origen: latín.
Significado: de *laetitia*, «alegría».
Variantes: Leti, Laetitia.
Onomástica: no tiene.

Nombre llevado por la madre y una de las hermanas de Napoleón Bonaparte.

Lidia

Origen: latín.
Significado: de *lydia*, «originaria de Lyd».
Variantes: Lida, Lydia.
Onomástica: 3 de agosto.

Lyd era el antiguo nombre griego de la región del Asia Menor que los romanos denominaron Lidia.

Lino

Origen: griego.
Significado: de *linon*, «lino».
Variantes: Lina, Linia.
Onomástica: 23 de septiembre.

Nombre portado por un hijo de Apolo, inventor del ritmo y la melodía. Era el maestro de música del joven Heracles, al que solía castigar por su torpeza. Según la leyenda, Heracles, cansado de sus castigos, le lanzó una piedra y lo mató.
Personajes célebres: *Lina Morgan*, actriz española de teatro, cine y televisión, que destaca por su particular talento cómico.

Lucano

Origen: latín.
Significado: de *lucanus*, «matinal».
Onomástica: 30 de octubre.

Nombre llevado por el famoso poeta y filósofo latino, que junto a su tío Séneca fue uno de los representantes más destacados del estoicismo. Participó en la conspiración de Pisón contra el emperador Nerón, por lo que fue obligado a suicidarse.

Lucrecio/a

Origen: latín.
Significado: de *lucror*, «ganar».
Variantes: no tiene.
Onomástica: 23 de noviembre.

Lucrecio (98-55 a. C.), fue un poeta latino cuya obra permaneció olvidada y resurgió en el Renacimiento.
Personajes célebres: *Lucrecia Borgia* (1480-1519), hija del Cardenal Rodrigo de Borja o Borgia y hermana de César Borgia, fue célebre por su belleza y su vida licenciosa.

Marcelo/a

Origen: latín.
Significado: de *Marcellus*, diminutivo de Marco.
Variantes: Marcelio/a, Marcelino/a.
Onomástica: 16 de enero / 2 de junio (Marcelino).

Sirvió de nombre a dos papas en la antigüedad, Marcelo I (siglo IV) y Marcelo II (siglo XVI), éste último presidente del Concilio de Trento.
Personajes célebres: *Marcel Proust* (1871-1922), escritor francés, autor de la célebre novela «En busca del tiempo perdido»; *Marcello Mastroianni*

(1924-1996), actor italiano protagonista de películas como «Divorcio a la italiana», «Rufufú» y «Ojos negros»; *Marcel Duchamp* (1887-1968), pintor y escultor de origen francés nacionalizado estadounidense, introductor de los *ready mades*.

Marco

Origen: latín.
Significado: de *marcus*, «martillo o relativo al dios Marte».
Variantes: Marcos, Marcosa.
Onomástica: 25 de abril.

Nombre muy frecuente en la antigua civilización romana, usado por diversos emperadores y destacados personajes de la vida pública.
Personajes célebres: *Marco Polo* (1254-1324), viajero veneciano que en 1271 hizo un viaje a la India, experiencia que quedó reflejada en el libro «El libro de Marco Polo»; *Mark Twain* (1835-1910), escritor estadounidense autor de novelas entre las que destacan «Las aventuras de Tom Sawyer» y «Las aventuras de Huckleberry Finn».

Mario

Origen: latín.
Significado: de *Mars*, «Marte».
Variantes: Maris.
Onomástica: 19 de enero.

El origen del nombre no debe confundirse con el masculino de María, pues Mario hace referencia al antiguo dios de la guerra Marte.
Personajes célebres: *Mario Moreno*, llamado «Cantinflas» (1911-1993), actor de cine mexicano que popularizó la figura de un personaje de comedia, pobre y humanitario; *Mario Vargas Llosa* (1936), escritor peruano, miembro de número de la Real Academia Española, que recibió el premio Príncipe de Asturias en 1986 y el Cervantes en 1994; entre sus obras se cuentan «La ciudad y los perros», «Conversación en la catedral» o «La

guerra del fin del mundo»; *Mario Benedetti* (1920), escritor y poeta uruguayo, autor de los «Poemas de la oficina» y de las novelas «La tregua», «Gracias por el fuego» y «Con y sin nostalgia».

Pancracio

Origen: griego.
Significado: de *pankration*, «todo fuerza».
Onomástica: 12 de mayo.

San Pancracio mártir del siglo IV, fue decapitado a los catorce años por profesar la fe cristiana. Su culto se ha extendido desde el Asia Menor hacia Occidente.

Sabino/a

Origen: latín.
Significado: de *sabina*, *sabinus*, gentilicio del pueblo de los sabinos.
Variantes: Sabiniano/a.
Onomástica: 27 de octubre / 30 de diciembre.

Nombre del pueblo de la antigua Italia que habitaba entre el Tiber y los Apeninos, que luchó contra los latinos. El enfrentamiento finalizó con la firma de una alianza para la compartición de poderes entre el rey sabino Tacio y Rómulo.

Una leyenda romana narra el rapto de las mujeres sabinas por parte de Rómulo, que a punto estuvo de iniciar una guerra, si no hubiera sido por la intervención de las sabinas para separar a ambas partes. Esta escena ha sido tema de numerosas obras pictóricas.

Personajes célebres: *Sabino de Arana* (1865-1903), político y escritor español considerado primer teórico del nacionalismo *euskalduna*, fundador del Partido Nacionalista Vasco (PNV).

Sempronio/a

Origen: latín.
Significado: de *sempronius*, derivado de *sempiternus*, «eterno».
Variantes: Semproniano.
Onomástica: no tiene.

Por Sempronia se conoce la familia romana a la que pertenecieron los hermanos Graco, tribunos del siglo III que intentaron reformar la legislación a favor de las clases populares.

Septimio

Origen: latín.
Significado: de *septimius*, derivado de *septimus* «hijo nacido séptimo».
Variantes: Septimino, Séptimo.
Onomástica: 10 de octubre.

Nombre de una famosa familia de la antigua Roma a la cual perteneció el emperador Septimio Severo, que a finales del siglo III promovió la incorporación de personas de las provincias del Imperio a cargos de la administración, hasta entonces reservados a los ciudadanos romanos.
Personajes célebres: *Publio Septimio Geta* (189-212) hijo del emperador Septimio Severo, compartió el poder imperial con su hermano Caracalla hasta que éste lo hizo asesinar.

Severo

Origen: latín.
Significado: de *severus*, «severo, serio».
Variantes: Severiano, Severino, Severa.
Onomástica: 7 de agosto / 6 de noviembre.

Este nombre se popularizó con el emperador romano Septimio Severo (146-211) que fue proclamado por sus tropas tras el asesinato de Pertinax. Derrotó a los partos y conquistó Babilonia y la capital parta, Tesifonte.

Personajes célebres: *Severo Ochoa* (1905-1993), médico y bioquímico español residente en Estados Unidos, fue premio Nobel de Medicina en 1959 y premio Santiago Ramón y Cajal de investigación en 1982; *Severiano Ballesteros* (1957), jugador de golf español, que obtuvo el triunfo en varios torneos internacionales.

Sixto

Origen: griego.
Significado: de *systós*, «liso».
Onomástica: 7 de agosto.

Nombre llevado por diversos papas, lo que ha contribuido a su mayor difusión. Entre ellos cabe destacar a Sixto IV (Francesco della Rovere, 1414-1484), papa renacentista que protegió las ciencias y las artes. Es recordado también por haber encargado a Miguel Ángel los magníficos frescos de la Capilla Sixtina en el Vaticano.
Personajes célebres: *Sixto V* (1520-1590) papa que colaboró con sus construcciones a crear la Roma barroca.

Sofía

Origen: griego.
Significado: de *sophía*, «sabiduría».
Onomástica: 30 de abril.

Lleva el nombre de Sofía la capital de Bulgaria, además de diversas iglesias, entre las que destacan la basílica de Santa Sofía, en la mencionada capital y de Santa Sofía en Estambul, actualmente convertida en mezquita.
Personajes célebres: *Sofía de Grecia* (1938), reina de España, casada con Juan Carlos de Borbón y Borbón, que accedió al trono en 1975; *Sofía Sciccolone*, llamada «Sofía Loren» (1934), actriz italiana conocida por protagonizar películas como «Matrimonio a la italiana», «Una jornada particular» o «Dos mujeres».

Tarquino

Origen: latín.
Significado: derivado de *Tarquinia*, antigua ciudad etrusca.
Variantes: Tarquinio/a.
Onomástica: no tiene.

Tarquinia es el nombre de una antigua ciudad etrusca. El nombre de Tarquino fue llevado por dos reyes romanos: Tarquino el Viejo (¿-579 a. C.) fue el primer rey de Roma que instauró costumbres etruscas, conquistó ciudades vecinas del Lacio y dominó a Sabinos y Latinos; *Tarquino el Soberbio* (siglo VI), fue el último rey etrusco de Roma.

Temístocles

Origen: griego.
Significado: de *Themis* y *kles*, «gloria de Themisto».
Variantes: no tiene.
Onomástica: 21 de diciembre.
Nombre llevado por el general y político ateniense del siglo VI a. C., que fue artífice del fortalecimiento de la flota de la ciudad de Atenas, fortificando el puerto del Pireo y mandando construir doscientos trirremes, embarcaciones con tres órdenes de remos. Bajo su mando, los atenienses derrotaron a los persas en Salamina (480 a. C.).

Teodoro

Origen: griego.
Significado: de *theo-doron*, «don de Dios».
Variantes: Teodoto, Teodosio.
Onomástica: 15 de abril / 19 de septiembre.

Nombre llevado por diversos papas y emperadores bizantinos, entre los que destaca Teodoro I, emperador bizantino que en el siglo XIII, tras la caída de Constantinopla a manos de los cruzados, trasladó el imperio a Nicea.

Personajes célebres: *Teodoro de Mopsuesto* (350-428), teólogo griego discípulo de Nestorio, representante de la escuela de Antioquía; *san Teodoro de Canterbury* (602-690), prelado inglés de origen griego que reorganizó la Iglesia inglesa; *Theodore Roosvelt* (1858-1919), presidente de los Estados Unidos que se caracterizó por su política intervencionista y por defender una economía contraria a los grandes monopolios.

Teodosio

Origen: griego.
Significado: variante de Teodoro, de *theo-dosis* «don de Dios», con otra variante de *doron*, «regalo».
Onomástica: 11 de enero.

Nombre llevado por el emperador romano Teodosio el Grande (347-395) que compartió el trono imperial con Graciano y Valentiniano II. Después de vencer a diversos usurpadores consiguió unificar el control del imperio en su persona, aunque a su muerte volvió a dividirse de forma definitiva.
Personajes célebres: *Teodosio el Viejo* (¿-376), general romano, padre del emperador del mismo nombre, que logró pacificar las Galias, Bretaña y Europa Central.

Teófilo

Origen: griego.
Significado: de *theo-philos*, «amigo de Dios».
Variantes: no tiene.
Onomástica: 5 de marzo.

Nombre llevado por un padre de la Iglesia, san Teófilo (120-185), que fue obispo de Antioquía y autor de «Tres libros de Autólico» donde realiza una apología del cristianismo.
Personajes célebres: *Teófilo* (¿-842) emperador bizantino; *Teófilo* (siglo XII) autor del primer manual sobre técnicas artísticas en la Edad Media.

Tertuliano

Origen: latín.
Significado: de *tertillianus*, gentilicio de Tértulo.
Variantes: Tertulio, Tértulo.
Onomástica: 4 de agosto.

Nombre llevado por un padre de la Iglesia, filósofo y apologista del siglo II. Fue el primer escritor cristiano en lengua latina.

Toribio

Origen: griego.
Significado: de *thorybios*, «movido, ruidoso».
Onomástica: 23 de marzo.
San Toribio, (Alfonso de Mogrovejo) (1538-1606) fue un prelado español arzobispo de Perú. Aprendió el quechua, el guajivo y el guajoya para poder predicar a los indios en su propia lengua.
Personajes célebres: *San Toribio* (?-460) prelado hispano que fue obispo de Astorga, sus reliquias se consevan en San Martín de Tours.

Zenón

Origen: griego.
Significado: de *Zen-on*, «Consagrado a Zeus».
Onomástica: 12 de Abril.

Nombre llevado por el filósofo griego Zenón de Citio del siglo IV-III a. C. Fundó en Atenas la escuela filosófica conocida como estoicismo, cuyo principio fundamental afirma que el bien supremo consiste en alcanzar la virtud.
Personajes célebres: *Zenón de Elea* (siglo IV-III a. C.), filósofo griego discípulo de Parménides; *Zenón de Sidón* (siglo II-I a. C.) también filósofo griego que fue maestro de Cicerón; *Zenón* (siglo II), arquitecto romano; *Zenón el Isáurico* (siglo V), emperador bizantino.

Nombres de personajes famosos

La historia ha provisto a la onomástica de innumerables nombres célebres, al igual que los de personajes de la literatura y el arte, en especial la narrativa y la ópera. En este apartado damos una selección de aquellos que mantienen mayor vigencia en España e Hispanoamérica, y no se presentan en otras secciones de esta obra.

Históricos

Abelardo

Origen: germánico tomado del hebreo.
Significado: de *habel*, «hijo» y *hard*, «fuerte», «hijo fuerte».
Variantes: Aberardo, Abel.
Onomástica: 9 de febrero.

Abelardo (1079-1142) filósofo francés que fue célebre por sus amores trágicos con Eloísa. Su pensamiento significó un importante aporte a los orígenes de la escolástica.

Adriano

Origen: latín.
Significado: de *Hadrianus*, «nacido en Adria».

Variantes: Adrián, Hadrián, Adrión.
Onomástica: 1 de marzo / 8 de septiembre.

Del gentilicio de una familia latina afincada en la costa del Adriático, este nombre fue llevado por un célebre emperador y seis pontífices de la Iglesia Católica.

Personajes célebres: *Adriano* (siglos I-II), emperador romano, fundador de Adrianópolis, que venció la rebelión de los judíos y reedificó Jerusalén con el nombre de Elia Capitolina; *Adriano I* (siglo VIII), pontífice romano aliado de Carlomagno, que constituyó el núcleo inicial de los Estados Pontificios; *Adrià Gual* (1872-1943), dramaturgo catalán, autor de «Los pobres menestrales» y «Arlequín vividor».

Agustina

Origen: latín.
Significado: de *augustinus*, «de la familia de Augusto».
Variantes: Agustín.
Onomástica: 28 de agosto.

La difusión de este nombre en España responde a la figura de Agustina de Aragón (Agustina Saragossa y Domènech, 1789-1858), patriota barcelonesa que defendió la ciudad de Zaragoza de la ocupación francesa durante la Guerra de la Independencia.

Alejandro/a

Origen: griego.
Significado: formado por *alesko* «proteger» y *andros* «hombre».
Variantes: Alejo, Alejandrino/a.
Onomástica: 18 de marzo / 20 de marzo (Alejandra).

El nombre de Alejandro se menciona por primera vez en la mitología griega, en la que también recibe el sobrenombre de Paris. Según la leyenda, cuando su madre estaba a punto de dar a luz tuvo un sueño, cuya interpretación aseguraba que el hijo que iba a nacer sería la ruina de Troya. Abandonado en la montaña, fue recogido por unos pastores que le dieron el nombre de Alejandro, «el hombre que protege» o «el hombre protegido», puesto que ellos cuidarían del niño.

Personajes célebres: *Alejandro Magno* (siglo IV a. C.), rey de Macedonia, uno de los mayores estrategas de la historia, célebre por sus conquistas de Persia, Egipto y el Asia Menor; *Alejandro Nevski* (siglo XIII), duque de Novgorod, que llegó a dominar toda Rusia; *Alejandro III* (1845-1894), penúltimo zar, reprimió duramente a los ácratas y persiguió a los judíos; *Alejandro Dumas* (1802-1870), novelista y dramaturgo francés, autor de «Los tres mosqueteros» y «El conde de Montecristo», entre otras numerosas obras.

Alfonso

Origen: germánico.
Significado: de *hathus*, «lucha», *all*, «todo» y *funs* «preparado»; o sea, «guerrero totalmente dispuesto a la lucha».
Variantes: Alonso, Ildefonso/a.
Onomástica: 1 de agosto.

Nombre llevado por varios reyes de España; entre ellos destaca Alfonso X el Sabio (1221-1284) que además de monarca ilustrado fue el creador y promotor de la prosa castellana con obras jurídicas, históricas, científicas y de juegos.

Personajes célebres: *Alfonso XII* (1857-1885), rey español que puso fin a la segunda guerra carlista; *Alfonso XIII* (1886-1941), rey de España derrocado por Primo de Rivera.

Amadeo

Origen: latín.
Significado: de *ama Deus*, «amante de Dios».
Variantes: Amador/a, Amado/a, Amancio/a.
Onomástica: 31 de marzo.

Este nombre ingresó en el santoral cristiano por san Amadeo de Saboya, que ocupó ese ducado entre 1465 y 1472. Junto a su esposa Yolanda, hija de san Luis IX de Francia, protagonizó un breve pero generoso reinado, que destacó por su dedicación a los menesterosos, al punto que la Saboya de Amadeo era llamada «el paraíso de los pobres».

«Amadeus» (Milos Forman, 1984) fue el título de un film que popularizó la vida y la obra de Mozart, y refiere al segundo nombre del insigne compositor austriaco.

Personajes célebres: *Amadeo I de Saboya* (1845-1890), duque de Aosta, hijo del rey de Italia Víctor Manuel II, fue llamado a ocupar el trono de España en 1870 por el general constitucionalista Juan Prim. La muerte de éste ese mismo año, dejó al nuevo monarca sin su principal valedor en medio de agudos enfrentamientos políticos. Abdicó el 11 de febrero de 1873, dejando paso a la I República española.

Aníbal

Origen: cartaginés.
Significado: de *hanan-Baal*, «beneficio de Baal».
Variantes: Haníbal.
Onomástica: no tiene.

Aníbal (247-183 a. C.) era un general cartaginés que inició la segunda guerra púnica atacando las ciudades romanas en Hispania. Después marchó hacia Italia, cruzando los Alpes montado en elefantes, y llegó hasta Roma aunque no consiguió conquistarla.

Personajes célebres: *Annibale Carracci* (1560-1609), pintor italiano renacentista que propuso una renovación de la pintura considerando que el manierismo estaba agotado.

Aristóteles

Origen: griego.
Significado: de *aristos* «mejor» y *telos* «fin», «con el mejor fin».
Variante: Ari.
Onomástica: no tiene.

Nombre del famoso filósofo griego que vivió entre 384-322 a. C.; discípulo de Platón y tutor de Alejandro Magno, fundó en Atenas la escuela del Liceo. En su abundante obra se tratan temas de filosofía, política y clasificación de las ciencias. Su pensamiento ha tenido mucha influencia en la cultura occidental, principalmente a través de la interpretación cristiana de su obra emprendida por santo Tomás de Aquino.

Augusto

Origen: latín.
Significado: de *augustus*, «consagrado por los augures».
Variantes: Augusta.
Onomástica: 7 de mayo.

Nombre adoptado por Octavio (63 a C.-14 d. C.), el primer emperador romano. Fue nombrado heredero por César, formó un triunvirato con Antonio y Lépido. En el 27 a. C. se le concedió el título de Augusto que tenía carácter religioso de divinidad, y a partir de ese momento gobernó con poder absoluto.
Personajes célebres: *Auguste Rodin* (1840-1917), escultor francés impresionista, entre sus obras destacan «El beso» y «El pensador»; *Auguste Lumière* (1862-1954), industrial francés que inventó el cinematógrafo junto con su hermano Louis; *August Strindberg* (1849-1912), escritor sueco de novelas, cuentos y obras dramáticas.

Belisario/a

Origen: latín.
Significado: de *bélos*, «arquero».
Variantes: no tiene.
Onomástica: no tiene.

Belisario (505-565) fue un relevante general del emperador bizantino Justiniano, que venció a los vándalos en África y a los persas y ostrogodos en Italia. Años más tarde cayó en desgracia al ser acusado de conspiración.

Ciro/a

Origen: elamita.
Significado: de *kuras*, «pastor».
Variantes: Cirilo/a, Ciriaco/a.
Onomástica: 16 de junio.

Ciro II el Grande (556-530 a. C.) fue fundador del imperio persa. Destronó a su abuelo Astiages y venció al rey de Lidia. Posteriormente conquistó Babilonia, liberando a los judíos. Extendió su imperio desde el Asia Menor hasta el Valle del Indo.
Personajes célebres: *Ciro el Joven* (424-401 a. C.), hijo de Darío II que contrató diez mil mercenarios griegos para disputar el trono a su hermano Artajerjes; fue derrotado y murió en combate; *Ciro Bayo Segurola* (1859-1939), escritor español que trató temas americanos en sus novelas «Los caballeros de Eldorado» y «La reina del Chaco».

Cleopatra

Origen: griego.
Significado: de *kleo-patros*, «de padre famoso».
Variantes: Cleo.
Onomástica: 11 de octubre.

Cleopatra VII (69-30 a. C.), la más célebre de las reinas de Egipto, gobernó junto a su hermano Tolomeo XIII y después en solitario. Amante de Julio César y de Marco Antonio, cuenta la leyenda que se suicidó con un áspid después de conocer la derrota de Marco Antonio.

Constantino

Origen: latín.
Significado: de *constantinus*, «constante».
Variantes: Constante, Constancio/a.
Onomástica: 27 de julio.

Constantino I el Grande (280-337), emperador romano que promulgó el Edicto de Milán (313) en el que establecía la tolerancia religiosa, finalizando la persecución a los cristianos. Fundó la ciudad de Constantinopla (324) a la que trasladó la capital del imperio. Sólo aceptó ser bautizado cristiano antes de morir.

Personajes célebres: *Constantino II* (1940), rey de Grecia entre 1964 y 1967; destronado por el llamado «golpe de los coroneles», intentó sin éxito un contragolpe para recuperar el trono; *Constatin Meunier* (1831-1905), escultor y pintor belga; *Constantin Costa-Gavras* (1933), director de cine francés de origen griego, autor de «Z», «Missing» o «Yol», entre otros filmes de fuerte denuncia políticosocial.

Darío/a

Origen: persa.
Significado: de *darayaraus*, «activo».
Onomástica: 19 de diciembre.

Nombre que recuerda a Darío I (550-485 a. C.), emperador persa de la dinastía aqueménida. Conquistó la India, Tracia y Macedonia, pero durante las guerras Médicas fue derrotado por los griegos en la batalla de Maratón (460 a. C.).

Personajes célebres: *Darío III* (380-330 a. C.), último rey aqueménida de Persia, intentó negociar con Alejandro Magno pero éste lo derrotó totalmente en la batalla de Gaugamela, en el 333 a. C.; *Darío Fo* (1926), dramaturgo, director y actor italiano, en cuyas obras se unen el humor, la sátira y la denuncia social.

Elisabet

Origen: hebreo.
Significado: de *Eli-zabad*, «Dios da».
Variantes: Elisa, Elisenda, Isabel.
Onomástica: 17 de noviembre / 5 de diciembre (Elisa).

Este nombre lo llevaron numerosas reinas europeas entre las que cabe destacar a Elisabeth I, la reina de Inglaterra sucesora de Enrique VIII. Su reinado se caracteriza por dar un estatuto oficial al anglicanismo y mantener una fuerte rivalidad con Felipe II, rey de España.

Personajes célebres: *Elisabeth Taylor* (1932), actriz de cine estadounidense que protagonizó «Cleopatra», «Una mujer marcada» y «¿Quién teme a Virginia Woolf?»; *Bette Davis* (1908-1989), actriz de cine estadounidense que participó en películas como «Eva al desnudo», «La loba» o «Jezabel».

Elisenda

Origen: hebreo.
Significado: variante medieval de Elisa o de Elisabet.
Variantes: Elisa, Elisabet.
Onomástica: 14 de junio.

Elisenda de Montcada (1292-1364), reina de Aragón que se casó con Jaime II. Fue la promotora de la fundación del monasterio de Pedralbes, donde se retiró tras la muerte de su esposo. Su nombre es usual en Barcelona y el resto de Cataluña.

Eloísa

Origen: francés.
Significado: derivado del latín *eligius*, «elegido».
Variantes: Eloy, Eligio, Eloína.
Onomástica: 1 de diciembre.

Eloísa (1101-1164) fue una famosa heroína por sus amores trágicos con Abelardo, con el que huyó para poder casarse, aunque fueron perseguidos y apresados por orden de su tío canónigo (*véase* Abelardo).

Personajes célebres: *San Eloy* (588-660), obispo de Noyon, era artesano y acuñador, por lo que es el patrón de orfebres y metalúrgicos.

Elvira

Origen: germánico.
Significado: de *athal-wara*, «noble protección».
Variantes: no tiene.
Onomástica: 25 de julio.

Elvira, también llamada Ilíberis o Iriberri, era una antigua ciudad de la España prerromana, en la actual provincia de Granada. Tuvo su esplendor durante el siglo III y se mantuvo hasta el siglo XI, cuando la dominación musulmana marcó el inicio de su declive.
Personajes célebres: *Elvira* (937-982), princesa de León, hija de Ramiro II y la reina Teresa, que a la muerte de su hermano Sancho en 965 ejerció la regencia junto a su madre hasta la mayoría de Ramiro III.

Enrique

Origen: germano.
Significado: de *haim*, «hogar» y *rik*, «rey»; «el rey del hogar».
Variante: Enriqueta, Eric, Erico/a.
Onomástica: 13 de julio.

Este nombre ha sido llevado por numerosos reyes europeos, entre ellos cabe destacar a Enrique VIII de Inglaterra (1491-1547), que estableció la independencia de la iglesia anglicana respecto a la católica, para poder casarse con Ana Bolena.
Personajes célebres: *Enrique el Navegante* (1394-1460), príncipe portugués que fomentó la exploración de las costas e islas africanas; *Henri de Toulouse-Lautrec* (1864-1878), pintor francés de noble familia girondina, lisiado por dos caídas en la infancia, se dedicó a frecuentar los cabarets y lupanares de París, cuyos personajes y ambientes retrató en obras como «Jane Avril bailando» o «El salón de la rue des Molins»; *Enrique Granados* (1876-1916), compositor y pianista español nacido en Lérida, representante del nacionalismo musical, compuso obras inspiradas en temas folclóricos, como «Doce danzas españolas», «Goyescas» o «Capricho español».

Euclides

Origen: griego.
Significado: de *eukleidos*, «de gran gloria».
Variantes: no tiene.
Onomástica: no tiene.
Nombre célebre por el matemático griego del siglo III a. C., creador de la llamada geometría euclidiana, establecida en su obra en trece volúmenes «Elementos», por medio de unos axiomas, postulados y definiciones que han utilizado los científicos durante siglos.
Personajes célebres: *Euclides de Megara* (450-374 a. C.), discípulo de Sócrates fundador de la escuela de Megara.

Federico/a

Origen: germánico.
Significado: de *frithu-reiks*, «príncipe de la paz».
Variantes: Fadrique, Fredi, Fred.
Onomástica: 18 de julio.

Nombre de profunda raíz germánica, utilizado por emperadores del Sacro Imperio y reyes de Prusia, Sajonia, Suecia o Sicilia.
Personajes célebres: *Federico II el Grande* (1712-1786), rey de Prusia que aumentó las fronteras del imperio, a la vez que realizó reformas que atrajeron sabios y científicos extranjeros a su país; *Federico García Lorca* (1898-1936), poeta y dramaturgo español perteneciente a la Generación del 27, su obra poética incluye «El maleficio de la mariposa», «Romancero gitano» o «Poeta en Nueva York» y entre sus piezas dramáticas destacan «Bodas de sangre», «Yerma», o «La casa de Bernarda Alba»; fue fusilado por las milicias franquistas el 19 de abril de 1936; *Federico Fellini* (1920-1993), director de cine italiano, con una personal y talentosa aportación al neorrealismo poético, expresada en «La strada», «La dolce vita» o «Amarcord».

Fernando/a

Origen: germánico.
Significado: de *frad*, «listo» y *nand*, «valeroso».
Variantes: Ferdinando, Fernán, Hernán, Hernando.
Onomástica: 30 de mayo.

La unión de los significados mencionados dio en la Alta Edad Media el nombre de *Fredenand*, y de éste diversas variantes que se usaron y se usan en distintas lenguas europeas. En España su portador más célebre fue Fernando II de Aragón y V de Castilla, llamado el Rey Católico. Junto a su esposa Isabel de Castilla consiguieron a finales del siglo XV la unidad de España y el extenso y rico imperio que les proporcionó haber impulsado el descubrimiento de América. Entre las facetas negativas de su reinado se cuenta el establecimiento de la Inquisición, la expulsión de los judíos, la conversión forzosa de los musulmanes, y la persecución de los gitanos.

La onomástica del 30 de mayo corresponde a otro rey español del siglo XII, Fernando III de Castilla y León, llamado el Santo, cuyos restos se veneran en la Catedral de Sevilla.

Personajes célebres: *Fernando de Rojas* (siglo XVI), escritor castellano de origen judío converso, autor de «La Celestina», obra que anticipa el renacentismo español; *Fernâo de Magalhaes* o *Magallanes* (1480-1521), navegante portugués que en 1519 emprendió una expedición en busca de un paso entre el Atlántico y el Pacífico. Tras una ardua travesía descubrió el estrecho que lleva su nombre y se internó en el océano Pacífico, donde murió en un combate con los nativos de la isla de Cebú. Tomó entonces el mando su segundo, Sebastián Elcano, que a bordo de la nave «Victoria» completó el primer viaje de circunvalación de la Tierra.

Fidel

Origen: latín.
Significado: de *fidelis*, «fiel».
Variantes: Fidelio/a.
Onomástica: 24 de abril /18 de septiembre.

Este antiguo nombre latino recobró vigencia a partir de Fidel Castro (1926), político cubano líder de la revolución que derrocó al dictador Fulgencio Batista en 1959. Dos años después rechazó la invasión de bahía de Cochinos por parte de opositores exiliados apoyados por Estados Unidos, y estableció un régimen marxista que rápidamente fue cayendo en la órbita de la Unión Soviética. Ésta comenzó a instalar armamento nuclear en la isla, y a finales de 1962 estalló la «Crisis de los misiles» que estuvo a punto de desatar una tercera Guerra Mundial. A la caída de la URSS en 1991 Castro adoptó algunas medidas liberalizadoras, pero manteniendo a ultranza su autocracia y el carácter revolucionario del régimen.

«Fidelio», es el título de una ópera con música de Ludwig van Beethoven estrenada en Viena (1805), que narra una trama amorosa ambientada en Sevilla.

Gonzalo

Origen: germánico.
Significado: de *gund*, «combate», *all*, «todo» y *vus*, «preparado».
Variantes: Gonzal, Gonzalvo, Consalvo.
Onomástica: 10 de enero.

La unión de estos tres significados dio el nombre germano Gundisalvo, y éste a su vez Gonzalo y sus variantes. Introducido en España por los godos, fue muy popular en el medievo y los siglos posteriores, con un reflorecimiento en la actualidad.

Su portador histórico más relevante fue Gonzalo Fernández de Córdoba, llamado «El Gran Capitán» (1453-1515), militar andaluz que bajo Isabel la Católica combatió en Nápoles contra los franceses, a los que también derrotó en su guarnición de Ostia. En 1500 comandó otra campaña en Italia contra los invasores otomanos, y luego venció definitivamente a los franceses e incorporó Nápoles a la Corona española.

Guillermo/a

Origen: germánico.
Significado: de *will*, «voluntad» y *helm*, «yelmo».
Variantes: Guillermina.
Onomástica: 10 de enero.

Nombre muy extendido en la Edad Media en los países de lengua alemana (*Wilhelm*), debe gran parte de su popularidad al legendario arquero suizo Guillermo Tell. En el siglo XIV el gobernador Gessler, designado por los Habsburgo, se sintió ofendido por un gesto de Tell y lo condenó a hacer blanco en una manzana colocada sobre la cabeza de su hijo. La primera flecha del arquero partió en dos la manzana, pero igual fue encerrado en la cárcel, de donde escapó para dar muerte al gobernador.

Personajes célebres: *Wiliam Shakespeare* (1564-1616), poeta y dramaturgo inglés, autor de obras maestras reconocidas y representadas en todo el mundo, entre ellas los dramas trágicos de «Hamlet», «Romeo y Julieta», «Otelo» o «El rey Lear», y en tono de comedia «Las alegres comadres de Windsor» y «Como gustéis», además de la fantasía escénica del «Sueño de una noche de verano»; *Guillermo I* (1797-1888); rey de Prusia que organizó un poderoso ejército para imponer la unificación alemana; *William Faulkner* (1897-1962), escritor estadounidense, uno de los más importantes del siglo XX, es autor de «Sartoris», «Palmeras salvajes», o «Mientras agonizo», dentro de una obra literaria que le valió el premio Nóbel en 1949; *Billy Wilder* (1906-2002), director de cine estadounidense autor de comedias inolvidables como «Con faldas y a lo loco» e «Irma la dulce».

Homero

Origen: griego.
Significado: de *ho-m* , «el que no ve».
Variantes: no tiene.
Onomástica: no tiene.

Homero (siglo VIII a. C.), fue un celebrado poeta griego, considerado el padre de la poesía épica, autor de la «Iíada» y la «Odisea», en las que narra el asalto a Troya y el largo viaje de Ulises para regresar a su hogar una vez finalizada la guerra. El uso de su nombre se ha extendido a diversas lenguas, pese a que hay quienes consideran que se trata de un pseudónimo de distintos autores anónimos.

Lautaro

Origen: araucano.
Significado: de *lev*, «veloz» y *tharu*, «traro» (ave de rapiña común en Chile).
Variantes: no tiene.
Onomástica: no tiene.

Lautaro (1535-1557) fue un caudillo araucano chileno que se enfrentó a los conquistadores españoles, y murió en una batalla contra las tropas de Francisco de Villagrán. Sus hazañas se narran en el poema «La Araucana», escrito por Alonso de Ercilla en 1569.

Leonardo

Origen: latín / germánico.
Significado: del latín *leo*, «león» y el germánico *hard*, «fuerte».
Variantes: Leo, Leonarda.
Onomástica: 6 de noviembre.

Nombre difundido a partir de la celebridad de Leonardo da Vinci (1452-1519), artista y científico italiano. Se lo considera el hombre renacentista por excelencia, ya que cultivó disciplinas muy diversas que abarcaban los distintos saberes humanos: militar destacado, ingeniero, estudioso de la anatomía humana, inventor y celebrado artista. Entre sus obras destacan «La Gioconda», «La cena» del refectorio de Santa Maria della Grazie y «La Virgen de las Rocas». Renovó la técnica pictórica creando espacios por medio de la iluminación.
Personajes célebres: *Leonard Bernstein* (1918-1990), compositor y director de orquesta estadounidense, influido por el jazz y la música tradicional judía, compuso obras como el oratorio «Kaddish» o la conocida ópera «West Side Story»; *Leonardo Sciascia* (1921-1989), escritor italiano, uno de los más significativos del siglo XX, autor de «El día de la lechuza», «El contexto» y «Todo modo».

Leonor

Origen: occitano.
Significado: incierto, quizás «la que crece».
Variantes: Leonora, Eleonor, Eleonora.
Onomástica: 22 de febrero / 1 de julio.

La figura histórica más relevante con este nombre es Leonor o Eleonor de Aquitania, que en el siglo XII fue reina de Francia y después de Inglaterra por sus sucesivos matrimonios con Luis VII y Enrique II Plantagenet. Mujer fascinante y de notable carácter, considerada la que más poder alcanzó en su tiempo, se enfrentó a Juan sin Tierra a favor de Ricardo «Corazón de León», al tiempo que dirigía la resistencia contra las ambiciones del rey de Francia Felipe Augusto.

Lincoln

Origen: latín.
Significado: de *Lindum*, nombre latino de la ciudad inglesa de Lincoln.
Onomástica: no tiene.

Nombre personal derivado del apellido del presidente de los Estados Unidos Abraham Lincoln (1809-1865). Defensor de la abolición de la esclavitud, luchó contra los estados del Sur durante la Guerra de Secesión. Murió asesinado por un sudista poco después de ganar esa contienda.

Napoleón

Origen: toscano.
Significado: de *Lapo*, apócope de Iacopo (Jaime) y *leone* «león».
Onomástica: 15 de agosto.

Nombre llevado por el famoso político y militar francés Napoleón Bonaparte (1769-1821) que llegó a conquistar casi toda Europa difundiendo las ideas revolucionarias de independencia nacional y soberanía popular.

Después de diversas victorias militares en Egipto e Italia, dio un golpe de estado el 18 de brumario (10 de noviembre) de 1799 y se hizo elegir primer cónsul, para tres años más tarde restaurar el trono y designarse a sí mismo emperador como Napoleón I. Ya con poder absoluto reorganizó internamente Francia y prosiguió su política expansionista a través de nuevas conquistas, que demandaron veinte años de continuas guerras contra las monarquías tradicionales europeas. En 1814, tras la derrota de Leipzig y la invasión de Francia, se retiró a la isla de Elba, de donde regresó un año más tarde para recuperar el trono. En 1815 fue derrotado en Waterloo por el general inglés Wellington al mando de los ejércitos angloprusianos y confinado en la isla de Santa Elena, donde murió en 1821.

Personajes célebres: *Napoleón III* (1808-1873), nombre con el que conoce la historia a Luis Napoleón, sobrino de Napoleón Bonaparte, que dio un golpe de estado en 1852 y se proclamó emperador de Francia. Casado al año siguiente con la española Eugenia de Montijo, estableció un régimen monárquico y autoritario, bajo el cual Francia recuperó su brillo mundano y su presencia internacional.

Octavio/a

Origen: latín.
Significado: de *octavus*, «octavo».
Variantes: Octavo, Octaviano/a.
Onomástica: 20 de noviembre.

Originado por la costumbre en la Antigua Roma de poner nombre de pila solamente a los primeros cuatro hijos; los siguientes recibían por nombre un número: Quinto, Sixto, Septimio y Octavio.

El nombre se popularizó por el primer emperador de Roma, llamado originalmente Octavio, que cambió su nombre al recibir el título de Augusto. Sobrino e hijo adoptivo de Julio César, en el 40 a. C. formó un triunvirato con Antonio y Lépido, a los que luego venció en sucesivas batallas, para ser consagrado *princeps imperator* y recibir el título de Augusto en 27 a. C. En su largo reinado aumentó el territorio del imperio, reformó el senado y mantuvo formalmente la institución republicana. Murió en el año 14 d. C., y fue sucedido por Tiberio.

Personajes célebres: *Octavio Paz* (1914), poeta y escritor mexicano, premio Nobel de Literatura en 1990, y premio Cervantes en 1991. En su obra poética destacan «Libertad bajo palabra», «Salamandra», o «Árbol adentro», y como ensayista es autor de «El laberinto de la soledad» y «El mono gramático».

Ovidio

Origen: latín.
Significado: de *ovidius*, «óvido», «oveja».
Onomástica: 23 de agosto.

Nombre de un famoso poeta latino que vivió entre el 43 a. C. y el 17 d. C. Su obra más célebre es la «Metamorfosis», poema con 250 leyendas mitológicas donde se explican las distintas transformaciones de los personajes y divinidades de la mitología griega.
Personajes célebres: *Ovidi Montllor* (1942-1995), cantautor y actor alicantino nacido en Alcoy, formó parte del movimiento de la *Nova cançó* en los años 70 y como actor interpretó más de cuarenta películas, entre ellas «Furtivos», «La verdad sobre el caso Savolta» o «La oscura historia de la prima Montse».

Pelayo/a

Origen: latín, tomado del griego.
Significado: de *pelágios*, «hombre de mar».
Variantes: Pelagio/a.
Onomástica: 26 de junio.

Nombre utilizado casi exclusivamente en España, corresponde a don Pelayo, que fue el fundador del reino de Asturias en el siglo VIII. Era hijo de Fáfila, un noble visigodo, y huyendo de los musulmanes se refugió en los Picos de Europa, donde los satures lo proclamaron como su príncipe en el año 717. Cinco años más tarde venció definitivamente a los invasores en la batalla de Covadonga, y estableció el reino astur con capital en Cangas de Onís.

Personajes célebres: *san Pelayo* (siglo X), mártir gallego, durante la dominación musulmana fue hecho prisionero y asesinado por no ceder a los deseos carnales del califa de Córdoba.

Pompeyo

Origen: latín.
Significado: de *pompeius*, «pomposo».
Onomástica: 10 de abril.

Pompeyo (106-48 a. C.) fue un general romano que destacó luchando en Ponto, Siria y Palestina. Formó parte del primer triunvirato junto con César y Craso. Tras la muerte de Craso, fue nombrado único cónsul y se desató la guerra civil entre sus seguidores y los partidarios de César. Derrotado en la batalla de Farsalia, Pompeyo huyó a Egipto donde fue asesinado.
Personajes célebres: *Pompeu Fabra* (1868-1948), filólogo catalán, autor de gramáticas y diccionarios en su lengua materna; *Pompeyo Gener* (1848-1921), crítico literario e historiador español.

Ricardo/a

Origen: germánico.
Significado: de *rich*, «riqueza» y *hard*, «fuerte».
Variantes: Ricard, Richard.
Onomástica: 3 de abril.

Nombre muy popular en las Islas Británicas, por la figura del rey inglés Ricardo I «Corazón de León», que en el siglo XII participó de la III Cruzada, dejando como regente a su hermano Juan sin Tierra. Éste estableció una dura política de tributos que dio lugar a la leyenda de Robin Hood, el ladrón justiciero de los bosques de Sherwood. Ricardo regresó a Inglaterra en 1194, perdonó los excesos de su hermano e inició una exitosa campaña para recuperar sus territorios franceses. Murió en Lemosín, Francia, en 1199.

Rodrigo

Origen: germánico.
Significado: de *hrod-ric*, «rico en gloria».
Variantes: Roderico, Rui.
Onomástica: 13 de marzo.

Nombre que se popularizó con la figura del caballero castellano Rodrigo Díaz de Vivar, más conocido por el Cid Campeador (1043-1099). No se conocen las causas por las que fue desterrado de la corte de Alfonso VI, poniéndose al servicio de los moros en Valencia, aunque finalmente conquistó esa ciudad para el rey castellano.
Personajes célebres: *Rodrigo Borgia* (1431-1503), ocupó la sede papal en 1492 con el nombre de Alejandro VI, y pese al nepotismo y los escándalos que se le atribuyen fue un buen político y gestor en su reinado pontificio.

Sócrates

Origen: griego.
Significado: de *soos*, «sano» y *kratos*, «fuerza»: «Sano y fuerte».
Variantes: no tiene.
Onomástica: 19 de abril.

Nombre conocido por el célebre filósofo griego del siglo V a. C. Creó el método de la mayéutica, en el que mediante la formulación de las preguntas adecuadas, provocaba que el propio alumno encontrara la verdad que ya tenía dentro de sí. Acusado de corromper a los jóvenes, fue obligado a beber el veneno mortal denominado cicuta. Fundador de la axiología o filosofía moral, no dejó textos escritos y su pensamiento sólo se conoce a través de los «Diálogos» de Platón.

Terencio/a

Origen: latín.
Significado: de *terentius*, proviniente de *teres*, «fino, delicado».

Variantes: no tiene.
Onomástica: 18 de abril.

Nombre llevado por un comediógrafo griego de origen cartaginés. Las obras de Terencio se caracterizan por la profundidad de sus personajes y por no abusar de la comicidad de las situaciones. Entre las comedias que se han conservado destacan «La suegra», «El eunuco» y «Los adelfos».
Personajes célebres: *Terenci Moix* (1943), escritor catalán autor de «No digas que fue un sueño» o «El sueño de Alejandría»; *Terence Stamp* (1940), actor inglés que ha trabajado en producciones de diversas nacionalidades, entre ellas «El coleccionista», «Teorema» e «Historias extraordinarias».

Tiberio

Origen: latín.
Significado: de *Tiberis*, nombre del río Tiber.
Onomástica: 10 de noviembre.

Tiberio (42 a. C.-37 d. C.) fue el segundo emperador de Roma, sucesor de Augusto, de quien era hijo adoptivo. Inició su gobierno con inteligencia y justicia, pero durante los últimos años mostró un despotismo y una crueldad cercanos a la locura.

Valerio/a

Origen: latín.
Significado: de *valerus*, «ser fuerte».
Variantes: Valero, Valeriano/a.
Onomástica: 29 de enero / 1 de abril.

Valerio (45-90) fue un poeta épico latino autor de las «Argonáuticas», un poema donde narra el viaje de Jasón y los argonautas en busca del Vellocino de Oro. Su obra no fue descubierta hasta el Renacimiento.
Personajes célebres: *Valéry Giscard d'Estaing* (1926), político francés, ministro de Finanzas de De Gaulle en 1962 y 1966, se escindió más tarde del gaullismo para fundar la Unión de Republicanos Independientes. Fue

elegido presidente de la República en 1974 y resultó derrotado por François Mitterrand en 1981.

Virgilio

Origen: latín.
Significado: de *virgis*, «rama».
Onomástica: 6 de marzo.

Virgilio (70 a. C.-19 d. C.) es el más grande de los poetas latinos. Su obra más destacada es la «Eneida» una epopeya romana hecha para alentar el patriotismo y la religiosidad del pueblo, encargada por Augusto.

Literarios y musicales

Aldonza

Origen: germánico.
Significado: de *ald*, «poderoso» y *gundi*, «famoso».
Variantes: no tiene.
Onomástica: no tiene.

Este nombre fue popularizado por Cervantes en su inmortal obra «Don Quijote de la Mancha». Aldonza Lorenzo era la moza de la cual se enamora don Quijote y en su fantasía caballeresca llama Dulcinea del Toboso.

Aída

Origen: egipcio imaginario.
Significado: no tiene.
Variantes: Aida, Alda.
Onomástica: 2 de febrero.

Este nombre fue inventado por el libretista Antonio Ghislanzoni para la protagonista de la ópera de Giuseppe Verdi con el mismo nombre. Aída es una princesa etíope y la ópera narra episodios bélicos y románticos en el antiguo Egipto. Verdi la compuso por encargo del jedive o virrey de Egipto, y se estrenó en la Ópera de El Cairo en 1871.

Aureliano

Origen: latín.
Significado: de *aurelianus*, «relativo a Aurelio».
Variantes: Aurelio.
Onomástica: 16 de junio.

Aureliano Buendía es el viejo coronel protagonista de la célebre novela «Cien años de soledad» de Gabriel García Márquez (1928), ganador del premio Nóbel de Literatura en 1982.
Personajes célebres: *Aureliano* (214-275), emperador romano desde 270, derrotó a los jutungos y recuperó Palmira y la Galia, pero entregó la Dacia a los bárbaros en 275, poco antes de morir asesinado. Durante su reinado reestableció el absolutismo y saneó las finanzas del imperio.

Beatriz

Origen: latín.
Significado: de *beatus*, «feliz», «bienaventurado».
Variantes: Beato/a.
Onomástica: 13 de febrero.

Nombre llevado por la dama italiana amada por Dante Alighieri (1265-1321), llamada Beatriz Portinari, a la que dedicó un amor idealizado como musa de sus poemas. Tras la muerte de Beatriz, el poeta la hizo protagonista de su magnífica obra la «Divina Comedia».
Personajes célebres: *Beatriz de Portugal* (1373-1409), reina de Castilla, fue esposa de Juan I e hija de los reyes de Portugal Fernando I y Leonor Téllez.

Celestina

Origen: latín.
Significado: de *caelestinus*, «relativo al cielo».
Variantes: Celestino.
Onomástica: 17 de mayo.

«La Celestina» es una de las obras fundamentales de la literatura española. Escrita por Fernando de Rojas en 1499, se publicó con el nombre de «Tragicomedia de Calisto y Melibea» y narra los amores entre ambos jóvenes, que son propiciados y encubiertos por la vieja Celestina.
Personajes célebres: *Célestin Freinet* (1896-1966), pedagogo francés, es considerado el creador de la escuela moderna.

Dante

Origen: italiano.
Significado: de *Durante*, «Durando».
Variantes: no tiene.
Onomástica: no tiene.

Dante Alighieri (1265-1321) fue el más grande de los poetas medievales. Su obra maestra es la «Divina Comedia», donde narra una viaje imaginario a los reinos de ultratumba, guiado por el espíritu de su amada Beatriz.

Fausto

Origen: latín.
Significado: de *faustus*, «feliz».
Variantes: Faustino.
Onomástica: 13 de octubre.

Fausto es el protagonista de numerosas leyendas y obras literarias, según las cuales vendió su alma al diablo para conseguir la eterna juventud. Su versión más famosa es la del insigne poeta y novelista alemán Johann W.

Goethe, A partir de la cual Charles Gounod escribió una ópera de cinco actos que se estrenó en 1859.

Isolda

Origen: germánico.
Significado: de *Is*, «hielo» y *wald*, «mando»; «mando de hielo».
Variantes: Isolina.
Onomástica: no tiene.

Este nombre corresponde a la protagonista femenina de la ópera de Richard Wagner «Tristán e Isolda», estrenada en Bayreuth en 1886 e inspirada en la leyenda medieval que narra el trágico amor de un caballero de la Mesa redonda por la heredera de Irlanda.

Julieta

Origen: latín.
Significado: diminutivo de Julia.
Variantes: Julita, Julia.
Onomástica: no tiene.

Protagonista femenina de «Romeo y Julieta», uno de los dramas más conocidos de William Shakespeare (1564-1616), el nombre de Julieta se ha popularizado desde entonces. La obra teatral comienza con la romántica historia del amor de dos jóvenes que se aman a despecho de la hostilidad entre sus familias, y se precipita hacia la trágica muerte de ambos a causa de un equívoco.
Personajes célebres: *Giulietta Massina* (1923-1994), actriz de cine italiana, esposa del director Federico Fellini, quien la escogió como protagonista de sus filmes «La Strada», «Giulietta de los espíritus» y «Ginger y Fred».

Norma

Origen: germánico.
Significado: de *nort-mann*, «hombre del norte».
Variantes: Norman, Normán.
Onomástica: no tiene.

«Norma» (1831) es una de las óperas del compositor italiano Vicenzo Bellini (1801-1835), a la vez que uno de los personajes de la novela «El pirata» de Walter Scott (1771-1832).
Personajes célebres: *Norma Jean Baker Mortenson*, conocida como *Marilyn Monroe* (1926-1962), actriz de cine estadounidense, uno de los mayores símbolos sexuales del siglo XX, que destacó en largometrajes como «Con faldas y a lo loco» o «Los caballeros las prefieren rubias»; *Norman Mailer* (1923), escritor estadounidense, autor de «Los desnudos y los muertos», «La canción del verdugo» y «Los hombres duros no bailan»; *Norma Shearer* (1900-1983), bailarina y actriz de cine estadounidense, que alcanzó su mayor éxito con el filme «Las zapatillas rojas».

Ofelia

Origen: griego.
Significado: de *opheleia*, «ayuda».
Onomástica: no tiene.

El nombre de Ofelia fue inventado por Jacobo Sannazzaro en su novela «La Arcadia» (1504), aunque se popularizó con la protagonista femenina de «Hamlet», una de las más logradas tragedias de William Shakespeare. Enamorada del joven príncipe de Dinamarca, Ofelia cae en una progresiva locura y acaba arrojándose a un arroyo, ante la indiferencia de Hamlet.

Orlando

Origen: germánico.
Significado: de *ort*, «espada» y *land*, «tierra».

Variantes: no tiene.
Onomástica: 20 de mayo.

«Orlando Furioso» es un famoso poema de Ludovico Ariosto (1474-1533), continuación de «Orlando enamorado», poema inconcluso de Matteo Boiardo (1441-1494). Obras cumbre de la poesía épica del Renacimiento, se inspiran en un tema bretón de la epopeya carolingia, que narra los amores de un compañero de Rolando por la bella Angélica y las riesgosas aventuras que corre para vencer su desdén.

También se llama «Orlando» la novela más ambiciosa de Virginia Wolf (1882-1941) donde narra las aventuras de un personaje tan ambiguo como inmortal.

Otelo

Origen: latín, tomado del germánico.
Significado: de *ots*, «riqueza».
Variantes: no tiene.
Onomástica: no tiene.

Nombre popularizado gracias a la obra teatral de William Shakespeare «Otelo, el moro de Venecia» donde se narra la locura del protagonista producida por los celos sobre su esposa Desdémona, causados por las falsas insinuaciones de su lugarteniente Yago.

En esta obra se han basado dos óperas del mismo título, una de Giácomo Rossini y otra de Giuseppe Verdi.

Pamela

Origen: griego.
Significado: de *pam-meli*, «todo miel».
Variantes: Pam.
Onomástica: no tiene.

Nombre inventado por el poeta Philip Sidney (1554-1586) en su novela pastoril «La Arcadia». Fue recuperado y generalizado como nombre por el escritor Samuel Richardson (1689-1761), que en su obra «Pamela o la virtud recompensada», inicia la novela de costumbres con una intención moralizante.

Romeo

Origen: latín.
Significado: de *romaeus*, «romano».
Variantes: Romea, Romero.
Onomástica: 21 de noviembre.

Romeo es un antiguo gentilicio de roma que durante la Edad Media se utilizó para designar a los peregrinos que se dirigían a ella como capital del cristianismo. Este nombre se hizo célebre gracias al drama «Romeo y Julieta» de William Shakespeare (*véase* Julieta, en este mismo apartado).

Roxana

Origen: persa.
Significado: de *raokshna*, «la brillante».
Variante: Rosana.
Onomástica: no tiene.

Roxana es la protagonista femenina del drama «Cyrano de Bergerac» de Edmond Rostand (1868-1918), poeta y dramaturgo francés. Esta bella joven era el amor secreto del caballero poeta que, avergonzado de presentarse ante ella con su gran nariz, entrega sus poemas a un joven oficial para que la seduzca con su lectura.
Personajes célebres: *Roxana* (siglo IV a. C.), princesa persa, hija del sátrapa Bactriano, quien la entregó como esposa a Alejandro Magno.

Sancho

Origen: latín.
Significado: de *sanctus*, «venerable».
Variante: Santo.
Onomástica: 5 de julio.

Sancho Panza es el personaje coprotagonista del «Quijote» de Cervantes, caracterizado por la fidelidad hacia su amo y una rústica franqueza. Su sentido común de campesino opuesto a los delirios del protagonista, es uno de los grandes hallazgos de la obra y motivo de sus escenas más conocidas e inolvidables.
Personajes célebres: *Sancho VII el Fuerte* (1150-1234), rey de Navarra que participó en la derrota de los almohades en las Navas de Tolosa; *Sancho Gracia*, actor de cine y teatro español, su abundante filmografía incluye «La hora bruja», «Martín hache» o «La mirada del otro»; entre sus trabajos en televisión destaca la serie sobre el bandolero andaluz Curro Romero.

Thais

Origen: griego.
Significado: posiblemente, de *thais*, «vendaje para la cabeza».
Variantes: no tiene.
Onomástica: 8 de octubre.

Thais fue una cortesana de alta preparación artística y cultural, a la que se sumaba una gran belleza. Ateniense de origen, se sumó a la campaña oriental de Alejandro Magno, y a la muerte de éste contrajo matrimonio con uno de sus generales, Ptolomeo, que llegó a ser rey de Egipto.
«Thais» (1890) es también el título de una novela del escritor francés Anatole France (Anatole François Thibault), premio Nobel de Literatura en 1921.

Tristán/a

Origen: galés.
Significado: de *drisdan*, «tumulto».
Variantes: no tiene.
Onomástica: no tiene.

(*Véase* Isolda en este mismo apartado.)

Yago

Origen: hebreo.
Significado: contracción de Santiago.
Variantes: Jacobo, Iago, Yagüe.
Onomástica: 25 de julio.

Nombre de origen medieval creado a partir de la contracción de Santiago (unión de san y Jacobo). Era el patrón de los ejércitos cristianos durante la Reconquista, e inspirador del famosos grito de batalla ¡Santiago y cierra España!
Su empleo se difundió también gracias al personaje de la obra «Otelo» de William Shakespeare. Yago, rechazado por Desdémona, convence a su marido Otelo de que ella le es infiel.

Nombres de la naturaleza

La naturaleza ha inspirado diversos nombres provenientes de seres o cosas cuyas virtudes se desea aplicar al portador, o cuya sonoridad resulta agradable al oído. En este apartado registramos los más habituales, tomados del reino vegetal, animal y mineral.

Plantas y flores

Amapola

Origen: árabe.
Significado: de *hababol*, «amapola».
Variantes: no tiene.
Onomástica: no tiene.

Nombre femenino que alude a la planta del género *papaver*, por lo común con flores rojas y semillas negras.

Azucena

Origen: árabe.
Significado: de *as-susana*, que designa a las flores liliáceas, como el lirio y el tulipán.
Variantes: no tiene.
Onomástica: 15 de agosto.

Nombre de la flor que por su color blanco se asocia con la inocencia y la pureza de la Virgen María. En su versión francesa, *Lis*, fue adoptada como emblema por la dinastía borbónica de ese país. Por extensión es también símbolo de realeza.

Begonia

Origen: francés.
Significado: de bègue, «tartamudo».
Variante: Begoña (*popular*).
Onomástica: no tiene.

Este nombre refiere una flor originaria de América. Fue traída a Europa por el botánico francés Bégon, cuyo apellido viene de la voz *bègue*. La cultura popular lo cree derivado de Begoña, por similitud fonética.

Camelia

Origen: latín.
Significado: de *camelus*, «camello».
Variantes: Camelio.

Nombre derivado de una flor originaria de Japón y China, bautizada en honor del padre Camelli, botánico jesuita que la importó a Europa en el siglo XVIII. La versión femenina se hizo popular a partir de la obra «La dama de las camelias», de Alejandro Dumas (hijo), cuyo tema tomó Verdi para su célebre ópera «La Traviata».

Crisantemo

Origen: griego.
Significado: de *krisós*, «oro» y «*anthos*, «flor»: «Flor de oro».
Variantes: Crisanto/a, Crisantema.
Onomástica: 25 de octubre.

Nombre que evoca la belleza y colorido del crisantemo, flor nacional del Japón. En general ha sido más utilizado en su variante masculina Crisanto.

Dalia

Origen: sueco.
Significado: de *dahl*, «valle».
Variante: Dahlia.
Onomástica: no tiene.

Planta ornamental con flores de colores variados (azul, rojo, blanco, amarillo, púrpura), originaria de las montañas de México y Centroamérica. Fue traída a Europa a través de España en el siglo XVIII por el botánico sueco Dahl, del que deriva su nombre.

Eglantina

Origen: francés.
Significado: de *eglantine*, «rosa silvestre».
Variantes: no tiene.
Onomástica: no tiene.

Nombre utilizado principalmente en los países francófonos, proviene de un rosal salvaje de flores pequeñas y encarnadas, que en español suele denominarse también «englantina».

Flor

Origen: latín.
Significado: de *flos*, «flor».
Variantes: Floro/a, Florindo/a, Florentino/a.
Onomástica: 16 de octubre (Florentino) / 24 de noviembre (Flora).

Nombre de origen latino, derivado de la diosa Flora, divinidad romana que tenía a su cargo la protección de las flores, los campos y la agricultura.

Personajes célebres: *Lucio Anneo Floro* (siglos I-II), historiador romano, autor de un «Compendio de la historia romana»; *Santa Flora*, mártir sevillana del siglo IX; *Roger de Flor*, aventurero y militar italiano al servicio de la Corona de Aragón en el siglo XIII, célebre por sus victorias contra los otomanos liderando un grupo de almogávares.

Florencio/a

Origen: latín.
Significado: de *florens*, «floreciente», «en flor».
Variantes: Florián, Floriano/a.
Onomástica: 4 de julio.

En femenino es el nombre de una hermosa ciudad italiana. También deriva de este nombre la moneda medieval florín, utilizada en la república de Florencia y el reino de Aragón.
Personajes célebres: *San Florencio*, obispo francés del siglo V.

Florinda/o

Origen: latín.
Significado: de *flos*, «flor».
Variantes: Florino/a.
Onomástica: 1 de mayo / domingo de Pascua.

Este nombre es una evolución de Flor, que alcanzó entidad onomástica propia con el agregado del sufijo germánico *lind*, «bella».

Hortensia/o

Origen: latín.
Significado: de *hortensius*, horticultor, jardinero.
Variantes: no tiene.
Onomástica: 11 de enero.

La hortensia es una flor de origen japonés, de hermosas inflorescencias. Su nombre se debe al biólogo Commerson, en honor de Hortensia Lepaunte, esposa de un relojero francés del siglo XVIII.

Personajes célebres: *Hortensia de Beauharnais* (1783-1837), reina de Holanda por su matrimonio con Luis Bonaparte, hermano de Napoleón. Mantuvo un brillante salón literario en París y fue madre de Napoleón III; *Quinto Hortensio Ortalo* (siglo II), orador romano, rival de Cicerón en el proceso de Verres.

Jazmín

Origen: persa.
Significado: de *jasämin*, por la flor de esta planta oleácea.
Variantes: Yasmin, Yasmina.
Onomástica: no tiene.

Nombre de una flor muy aromática, de color blanco o azul, originaria de Asia y hoy muy extendida en el Mediterráneo. En su versión italiana, *Gelsomina*, es el nombre de la protagonista de la película de Federico Fellini «La strada» (1954).

Jacinto/a

Origen: griego.
Significado: «flor del ¡ay!», de *ai*, interjección de dolor y *anthos* «flor».
Variantes: no tiene.
Onomástica: 17 de agosto.

Nombre que recuerda a un hermoso efebo amado por el dios Apolo, que al morir se transformó en la flor del jacinto.

Personajes célebres: *San Jacinto* (1185-1257) religioso dominico polaco; *Jacint Verdaguer* (1845-1902) poeta y sacerdote catalán, autor de «L'Atlàntida» y «Canigó»; *Jacinto Benavente* (1886-1945), dramaturgo español, que recibió el premio Nobel de Literatura en 1922, autor de «Los intereses creados», «La malquerida» y «Gente conocida».

Laura/o

Origen: latín.
Significado: de *laurea*, «laurel».
Variantes: Laurencio/a, Laurino/a, Laureano/a.
Onomástica: 19 de octubre.

Nombre inmortalizado gracias a los versos de Petrarca, que dedica su «Cancionero» a Laura, misterioso personaje femenino de la Provenza de comienzos de siglo.
Personajes célebres: *Lauren Bacall* (1924), intérprete de cine y teatro estadounidense, que actuó en «El sueño eterno», «Cayo Largo» y «Cómo casarse con un millonario»; *Laura Antonelli* (1941), actriz italiana de renombre internacional, ha rodado con directores de prestigio como Luchino Visconti, Ettore Scola y Mauro Bolognini.

Laureano/a

Origen: latín.
Significado: de *laureatus*, «coronado de laurel, victorioso».
Variantes: Lauro/a, Laurencio/a, Laurino/a.
Onomástica: 4 de junio.

Proviene de la palabra latina *laurea* que significa «laurel», árbol procedente de las regiones mediterráneas, consagrado al dios Apolo. En la antigua Roma se utilizaba para coronar a los generales triunfadores y a los poetas ganadores de certámenes líricos.
Personajes célebres: *San Laureano* (siglo VI), obispo de Sevilla que murió martirizado por los ostrogodos.

Laurencio/a

Origen: latín.
Significado: «nacido en *Laurentium*».
Variantes: Laurentino.
Onomástica: No tiene.

Este nombre fue muy común en la Roma clásica. Laurentium era una importante ciudad del Lacio que aparece citada en la «Eneida» de Virgilio.
Personajes célebres: *san Laurencio* (siglo XII), obispo de Dublín, que propagó el cristianismo en Irlanda.

Malva

Origen: griego.
Significado: de *malakós*, «suave».
Variantes: Malvino/a.
Onomástica: No tiene.

Nombre femenino tomado de la planta y la flor que pertenecen a la familia de las malváceas, género *Malva sylvestris*, y que se usó en medicina por el mucílago que contiene. Por extensión, se utiliza para designar a la gama cromática que comprende el color morado pálido con tonos rosáceos, que es el más común en estas flores.

Margarita

Origen: latín.
Significado: de *margarita*, «perla».
Variantes: Margot, Marga, Rita, Greta.
Onomástica: 16 de noviembre.

Nombre que puede aludir tanto a la flor de la herbácea homónima, como a la joya de su significado latino. Sus pétalos alargados se desprenden uno a uno con facilidad, por lo que se emplean para adivinar la respuesta a una cuestión en duda, generalmente de tipo sentimental. Es muy común en países escandinavos y anglosajones, donde lo han llevado varias reinas, como Margarita I y Margarita II de Dinamarca; Margarita de Anjou en Inglaterra; y Margarita Tudor, reina de Escocia.
Personajes célebres: *Margaret Tatcher*, (1925) política británica de ideas conservadoras extremas, elegida jefa del Gobierno en 1979, afrontó en 1982 la Guerra de las Malvinas; *Greta Garbo* (1905-1990), llamada

Greta Gustafsson, célebre actriz sueca que interpretó en Hollywood «Ana Karenina» y «La dama de las camelias»; *Marguerite Duras* (1914-1996), escritora francesa, autora de «El amante» y «La square».

Narciso/a

Origen: griego.
Significado: de *nárke*, «adormecer», por el olor de la flor y las propiedades narcóticas de su infusión.
Variantes: no tiene.
Onomástica: 29 de octubre.

En la mitología griega, da nombre a un hermoso joven que despreciaba el amor. La versión de Ovidio narra que las doncellas rechazadas por Narciso piden venganza a los dioses. Su petición es oída, y un día muy caluroso el joven se inclina sobre una fuente donde ve su rostro reflejado y se enamora al instante de esa imagen, dejándose morir inclinado sobre el agua. De ahí viene el significado de narcisismo: «admiración desmesurada de una persona hacía sí misma».
Personajes célebres: *Narcís Oller* (1846-1930), creador de la moderna novela catalana, autor de «Pilar Prim» y «Sor Sanxa»; *Narciso Ibáñez Menta* (1912), actor español radicado en Argentina, donde destacó en el cine, teatro y televisión; *Narciso Ibáñez Serrador* (1935), hijo del anterior, autor y director español nacido en Montevideo. Uno de los pioneros de la televisión en España, destacó por la serie «Historias para no dormir» y el programa-concurso «Un, dos, tres... responda otra vez»; *Narcís Serra* (1943), economista y político socialista español, que fue ministro de Defensa en 1982, y vicepresidente del Gobierno en 1991.

Olivio/a

Origen: latín.
Significado: de *oliva*, «árbol de olivo».
Variantes: Olivo/a.
Onomástica: 3 de febrero.

Da nombre al árbol de la familia oleáceas, especie *olea europaea*, que crece en climas mediterráneos, cuya rama es signo de la paz en la Biblia. En la Grecia antigua era símbolo de sabiduría y gloria.

Olivia es también un personaje de historietas y dibujos animados creado por E. C. Segar, que representaba a la novia de Popeye.

Personajes célebres: *Olivia de Havilland* (1916), actriz estadounidense que destacó en «Lo que el viento se llevó», «Robín de los Bosques» y «La heredera»; *Olivia Newton John*, cantante bailarina y actriz estadounidense, alcanzó la fama con el filme «Fiebre del sábado a la noche».

Orquídea

Origen: griego.
Significado: de *orchidos*, *orchis*, «testículo».
Variantes: no tiene.
Onomástica: no tiene.

Nombre femenino que alude a las plantas de la familia de las orquidáceas y sus flores, propias de climas tropicales. Por su particular belleza y su alto precio es considerada un signo de lujo y magnificencia. El significado *orchis*, alude a la forma testicular de los tubérculos.

Petunia

Origen: portugués dialectal.
Significado: de *petún*, «tabaco», «planta de tabaco» en Brasil.
Variantes: no tiene.
Onomástica: no tiene.

Nombre femenino derivado del de la flor homónima, que presenta forma de trompeta y colores muy diversos. Se emplea con más frecuencia en Inglaterra y otros países anglosajones.

Rosa

(*Véase* Nombres del Santoral.)
Muy común en España y otros países europeos como nombre femenino,
evoca a la llamada «Reina de las flores», que nace en arbustos espinosos y
a veces trepadores. Da nombre al color más común en sus pétalos, aunque
también las hay blancas, amarillas, naranjas y rojas.

Valeriana/o

Origen: latín.
Significado: patronímico de *valerus*, «ser fuerte, tener valor».
Variantes: Valeria/o.
Onomástica: 28 de noviembre.

Nombre de origen romano, más usado en la variante indicada, refiere a una
planta herbácea con flores de color rosa pálido. La infusión de sus raíces se
emplea en medicina naturista como sedante.
Personajes célebres: *Publio Licinio Valeriano* (siglo III), emperador de
Roma entre 253 y 260. Persiguió a los cristianos y se enfrentó a Sapor, rey
de Persia, que lo tomó prisionero.

Violeta

Origen: latín.
Significado: de violeta, «flor de violeta».
Variante: Viola.
Onomástica: 4 de agosto.

Nombre femenino alusivo a la flor, que también sirve para designar al color
morado claro, parecido al de las violetas. Es símbolo de modestia y humildad.
Personajes célebres: *Violeta Parra* (1917-1966), cantante y poetisa chilena, que se inspiró en el folklore sudamericano, autora de «Gracias a la
vida» y Volver a los diecisiete»; *Violeta Barrios de Chamorro* (1939), polí-

tica nicaragüense, cuyo esposo fue asesinado por el régimen somocista. Se opuso a la dictadura desde la dirección del diario «La Prensa», y en 1979 integró la primera Junta Revolucionaria. Luego pasó a la oposición y derrotó en las urnas al FSLN, ejerciendo la Presidencia entre 1990 y 1997.

Animales y aves

Colomo/a

Origen: latín.
Significado: de *columba*, «paloma», «pichón doméstico».
Variantes: Colombina, Columba, Colmán.
Onomástica: 17 de septiembre.

Nombre cristiano que evoca al Espíritu Santo, que se acostumbra a representar por esta ave. En un sentido más amplio es también el símbolo universal de la paz. *Colombina* es uno de los personajes de la Comedia del Arte italiana, que forma pareja con Pierrot.
Personajes célebres: *santa Coloma* (siglo IX), joven cristiana de Córdoba, que murió martirizada; *Luis Coloma* (1851-1914), jesuita y escritor español, que alcanzó gran popularidad con novelas como «la reina virgen» y, sobre todo, «Pequeñeces».

Coral

Origen: latín.
Significado: de *corallium*, «coral».
Variantes: Coralia.
Onomástica: no tiene.

Nombre del invertebrado que vive en forma de hermosas ramificaciones sumergidas, fijadas a las rocas o el fondo del mar (*antozoos*). También da nombre al mar de Oceanía, en el que en 1942 la aviación aliada obtuvo una ardua victoria naval y aérea sobre los japoneses.

Lea

Origen: latín.
Significado: de *lea*, femenino de *leo*, «león».
Variantes: Lía.
Onomástica: 22 de marzo.

Nombre muy antiguo que se hizo popular en Roma entre los enemigos acérrimos del cristianismo, cuyos mártires morían en el Circo entre las garras de leones que habitualmente eran hembras. Como contrapartida, Lía es un personaje de la «Divina Comedia» que simboliza el amor activo y fructífero.
Personajes célebres: *Lía*, personaje del Antiguo Testamento, hermana de Raquel que la precedió como esposa del patriarca Jacob. De este matrimonio nacieron seis hijos: Rubén, Simeón, Leví, Judá, Isacar y Zabulón.

León

Origen: latín.
Significado: de *leo*, «león».
Variantes: Leo, Leoncio, Leonel, Leonidas.
Onomástica: 10 de noviembre.

Nombre de familia muy frecuente en Roma, lo llevaron trece papas y dieciocho santos. Su significado hace referencia a la nobleza y la valentía del león, como augurio para el portador. También da nombre a una provincia española y a su ciudad capital.
Personajes célebres: *León XIII* (1810-1903), pontífice romano, cuya encíclica «Rerum Novarum» en defensa de la clase obrera convulsionó el mundo cristiano de la época; *Liev Nikoláievich Tolstói* (1828-1910), escritor ruso, uno de los más grandes novelistas del siglo XIX, autor de «Guerra y paz» y «Ana Karenina»; *Léo Delibes* (1836-1891), compositor francés, autor de ballets como «Copelia» y «Silvia», compuso también óperas bufas; *Léon Blum* (1872-1950), político socialista francés, presidente del Gobierno del Frente Popular en 1936, mantuvo la neutralidad de Francia en la guerra civil española.

Paloma/o

Origen: latín.
Significado: de *palumbes*, «paloma torcaz».
Variante: Palomo.
Onomástica: 17 de septiembre.

Su nombre proviene del color pálido del plumaje amarillo claro o gris. Como nombre personal hace referencia a la dulzura de la paloma, símbolo universal de la paz y del Espíritu Santo en la religión cristiana.
Personajes célebres: *Paloma O'Shea*, dama de la sociedad santanderina, esposa del banquero Emilio Botín, fundadora del prestigioso Concurso Internacional de Piano que lleva su nombre; *Sebastián Palomo Linares* (1947), torero español de gran estilo y popularidad, considerado entre los mejores de su generación; *Paloma San Basilio*, cantante española, protagonista de los musicales «El hombre de La Mancha» y «Evita», ha editado una cuidada discografía.

Minerales y piedras preciosas

Ágata

Origen: griego.
Significado: de *agathós*, «buena, noble, bondadosa».
Variantes: Águeda, Agacia/o, Agatón y Gadea, frecuentes en la Edad Media.
Onomástica: 5 de febrero.

Da nombre a una piedra preciosa, estimada en la antigüedad por sus virtudes en el fortalecimiento del corazón y la protección frente a la peste, escorpiones y víboras.
Personajes célebres: *Santa Águeda* (siglo III), joven doncella italiana, que murió martirizada; *Agatha Christie* (1891-1976), pupularísima escritora británica, autora de novelas de misterio como «Asesinato en el Orient Express» y «Diez negritos».

Amatista

Origen: griego.
Significado: de *améthnistos*, «sin embriaguez», «sobrio».
Variantes: Ametista.
Onomástica: no tiene.

Nombre casi extinguido en la actualidad, proviene de las virtudes que se le asignaban antiguamente a la gema homónima como remedio contra la embriaguez.

Cristal

Origen: latín.
Significado: de *crystallus*, «cristal».
Variantes: Cris, Crista (erróneo).
Onomástica: no tiene.

El significado refiere a los cuerpos sólidos que presentan formas poliédricas, como las sales, piedras y minerales. Su adopción como nombre personal femenino deriva del brillo y perfección de algunos ejemplares, aunque también se utiliza erróneamente en lugar de Crista, femenino de Cristo.

Esmeralda

Origen: latín.
Significado: de *esmaragda*, «piedra esmeralda».
Variantes: Esmeraldina/o.
Onomástica: no tiene.

El nombre alude a la piedra transparente de color verde, que cristaliza en forma exagonal. Tallada y pulida es una bella y valiosa joya, adoptada en ocasiones como nombre personal femenino.
Esmeralda es el nombre de la protagonista femenina de «Nuestra Señora de París», famosa novela de Victor Hugo, también conocida como «El jorobado de Notre Dame».

Gema

Origen: latín.
Significado: de *gemma*, «piedra preciosa».
Variantes: Gemma.
Onomástica: 14 de mayo.
Originariamente *gemma* en latín significaba botón, brote de una planta, y por extensión se aplicó a las piedras preciosas.
Personajes célebres: *Gemma Donati* (siglo XIII), esposa del gran poeta italiano Dante Alighieri; *santa Gemma Galgani* (siglo XVIII) religiosa italiana canonizada por Pío XII.

Perla

Origen: latín.
Significado: de *pernula*, diminutivo de *perna* «pierna».
Variantes: no tiene.
Onomástica: 14 de mayo.

Nombre femenino usado por alusión a la gema nacarada que forman las ostras. Pero en verdad el nombre proviene del anca del pernil, debido al hueso de superficie lisa y color blanco brillante. La perla se llamaba en latín *margarita*, de donde viene el de la flor que inspira ese nombre personal (*véase* Nombres de plantas y flores).

Rubí

Origen: latín.
Significado: de *rubeo*, «enrojecido», «de color rojo».
Variantes: Ruby, Rubina.
Onomástica: no tiene.

Nombre femenino proveniente de esta valiosa joya, muy apreciada en las antiguas civilizaciones. Hoy sigue siendo una gema favorita en la orfebrería y joyería de alto rango, pero ha decaído su uso como nombre personal.

Nombres de lugares

Las ciudades, regiones, países y continentes son también fuente de nombres personales, a veces para indicar la procedencia del portador, otras como homenaje o recordatorio de un topónimo que ha sido importante para su familia o su etnia. Algunos, como Adriano o Romeo, se han incluido ya en otros apartados; pero aún quedan muchos otros, como los que aquí ofrecemos.

África

Origen: latín / griego.
Significado: de *aprica*, «expuesto al sol», y éste del griego *aphriko*, «cálido».
Variantes: Africana/o.
Onomástica: 5 de agosto.

Nombre romano femenino que originariamente sólo se refería a la región de Cartago, para después pasar a designar a todo el continente negro. Su uso es relativamente frecuente en España, donde se empezó a usar como nombre propio por la devoción a Nuestra Señora de África, a raíz del conflicto armado entre España y Marruecos.
Personajes célebres: *Escipión el Africano* (237-183 a. C.), general romano que derrotó a Aníbal y dirigió la invasión y destrucción de Cartago.

Albano

Origen: latín.
Significado: de *albanus*, «natural de Alba».

Variantes: Albán.
Onomástica: 22 de junio.

No debe confundirse el origen de este nombre con el femenino Alba, pues
Albano refiere a los habitantes de Alba Longa, asentamiento precursor de
la ciudad de Roma, próximo a la actual Castelgandolfo. También reciben
este nombre un lago y un monte situados en el Lacio.
Personajes célebres: *Albano* (1943), cantante italiano, compartía a menudo cartel con su esposa Romina, hija del famoso actor estadounidense
Tyrone Power.

Américo/a

Origen: latín, tomado del germánico.
Significado: de *rick-*, «jefe, mando», y de *háims,* «morada, casa».
Variantes: Almárico.
Onomástica: no tiene.

Nombre que se dio al Nuevo Mundo en honor al marino y cosmógrafo italiano Amerigo Vespucci (1454-1512). Navegando al servicio de España recorrió la costa atlántica hasta la Patagonia, y fue el primero en comprobar que
no se trataba del extremo de Asia sino de un nuevo continente. Bautizó la
región de Venezuela, en homenaje a Venecia.
Personajes célebres: *Américo Castro* (1885-1972), historiador y filólogo
español, autor de «La realidad histórica de España» y «El pensamiento de
Cervantes».

Argentino/a

Origen: latín.
Significado: de *argenteus*, «de plata», «plateado».
Variantes: no tiene.
Onomástica: no tiene.

El origen latino del nombre, *argentatus*, significa según san Agustín
(354-430) «Ciudad de Dios». Como nombre personal es homenaje a la República Argentina, donde se utiliza con cierta frecuencia. Lo llevan tam-

bién una planta de la familia de las rosáceas y un lago en la provincia patagónica de Santa Cruz.

Personajes célebres: *La Argentinita* (1890-1936), nombre artístico de Antonia Mercé, bailarina y coreógrafa española nacida en Buenos Aires, alcanzó celebridad al estrenar «El amor brujo» de Manuel de Falla, y creó la primera compañía de ballet español en París; *Imperio Argentina* (1906), nombre artístico de Magdalena Nile del Río, actriz y cantante nacida en Buenos Aires, estrella indiscutida del cine español durante casi tres décadas, protagonizó, entre muchos otros filmes, «La hermana san Sulpicio», «Morena clara» y «Nobleza baturra». Tras un largo paréntesis artístico, reapareció en 1986 con la película de J. L. Borau «Tata mía».

Betania

Origen: hebreo.
Significado: de *Betan-iah*, antigua ciudad palestina.
Variantes: Betanio.
Onomástica: no tiene.

Betania estaba situada cerca de Jerusalén, en el camino a Jericó. Su nombre aparece en el Nuevo Testamento, por vivir allí Marta y María de Betania y su hermano Lázaro, al que Jesús resucitó después de muerto.

Carmelo/a

Origen: hebreo.
Significado: de *karm-El*, «viña de Dios».
Variante: Carmen.
Onomástica: no tiene.

Este nombre deriva del monte Carmelo, elevación que domina la bahía de San Juan de Acre en Israel. De acuerdo a la Biblia, Elías bajó de ese monte durante el reinado de Ajab para reemprender su prédica y enfrentarse a los sacerdotes del dios pagano Baal. Dio también nombre a la orden religiosa del Carmelo.

Personajes célebres: *Carmelo Gómez* (1962), actor español, que obtuvo el premio Goya en 1994 por su labor interpretativa durante ese año, y en 1995 el Premio Nacional de Cinematografía. Ha protagonizado películas como «Días contados», «El detective y la muerte» y «El perro del hortelano».

Cipriano/a

Origen: latín.
Significado: de *ciprilus*, «de Chipre, chipriota».
Variante: Cebrián.
Onomástica: 16 de septiembre.

Nombre que designaba a los originarios de la isla de Chipre, en el Mediterráneo oriental, frente a las costas de Turquía y Siria.
Personajes célebres: *san Cipriano* (siglo III), obispo de Cartago autor de varias obras religiosas y uno de los más respetados Padres de la Iglesia, que murió decapitado en el destierro; *Ciprià Ciscar* (1946), político socialista español, ocupó importantes cargos en la dirigencia del PSOE.

Dalmacio

Origen: latín.
Significado: de *dalmatius,* «originario de Dalmacia».
Variantes: Dalmao, Dálmata.
Onomástica: 5 de diciembre.

Dio nombre a la región del sudeste de Europa, situada entre el mar Adriático y los Alpes Dináricos, antiguamente llamada *Illyris barbara.* En el origen del nombre también se encuentran la raíz del ilírico *dalm-,* «oveja», y la indoeuropea *dhe-,* «amamantar».
Personajes célebres: *san Dalmacio* (siglo IV), obispo de Pavía, que predicó y extendió el cristianismo en esa región de la Lombardía italiana.

Franco/a

Origen: germánico.
Significado: de *frank*, «la lanza».
Variantes: Franklin.
Onomástica: 11 de diciembre / 26 de abril (Franca).

Nombre que actualmente refiere a Francia, procede del pueblo bárbaro asentado en el bajo Rhin, que fue conocido como «los hombres de la lanza». En sus invasiones durante el siglo V llegaron a adueñarse de la Galia trasalpina. El nombre también significa libre, exento de tributaciones, en oposición a los pueblos bajo su dominio.

Personajes célebres: *Franklin Delano Roosevelt* (1882-1945), político estadounidense de talante liberal, elegido presidente por el Partido Demócrata en 1932, afrontó la depresión económica con un programa avanzado conocido como *New Deal* y en 1941 comprometió a su país en la II Guerra Mundial después del ataque japonés a la base de Pearl Harbor; *Francisco Franco Bahamonde* (1892-1975), militar español que en 1936 lideró el alzamiento militar que provocó la Guerra Civil. Derrotada y abolida la República, gobernó España bajo una férrea dictadura de signo conservador y ultramontano que se prolongó hasta su muerte.

Gabino/a

Origen: latín.
Significado: gentilicio de *Gabii*, «de Gabio».
Variantes: Gabinio/a.
Onomástica: 19 de febrero.

Nombre correspondiente a los naturales de Gabio, ciudad del Lacio italiano situada entre Roma y Preneste, que conoció su mayor esplendor en la época de la República.

Personajes célebres: *Aulo Gabinio* (siglo I a. C.), cónsul romano que concedió poderes excepcionales a Pompeyo para combatir a los piratas; desterrado más tarde bajo cargo de extorsión, fue llamado y reivindicado por Julio César; *Gabino Diego (1964)*, actor español, destacó en películas como «¡Ay Carmela!» y «El rey pasmado».

Gastón

Origen: francés.
Significado: de *gascon*, «de la Gascuña».
Variante: Gaston, Gascón.
Onomástica: no tiene.

En algún momento de su historia este nombre cambió la c por la t, incluso en su lengua original. Pero siguió aludiendo a la Gascuña o *Gascogne*, nombre derivado de Vasconia, que corresponde a una comarca del SO de Francia situada entre el río Ródano y los Pirineos.
Personajes célebres: *Gaston Leroux* (1868-1927), escritor y periodista francés, autor de novelas policíacas hoy ya clásicas, como «El misterio del cuarto amarillo» o «El perfume de la dama de negro».

Germánico

Origen: latín.
Significado: de *germanicus*, «perteneciente a Germania».
Variantes: Germán, Germano/a.
Onomástica: 19 de enero.

Nombre que refiere a los habitantes originarios de Germania, región de la Europa Central que se extendía desde el Vístula al Rhin y del Danubio a los mares del Norte y Báltico.
Personajes célebres: *Germánico* (16 a. C.-19 d. C.), apodo de un general romano, padre del emperador Calígula, que realizó una exitosa campaña contra los germanos, a los que obligó a retirarse más allá del Rin; *san Germánico*, (siglo III), mártir cristiano que predicó en Anatolia y otras regiones del Asia Menor, fue condenado y ejecutado en Esmirna.

Ítalo/a

Origen: latín.
Significado: de *italus*, «itálico», «de Italia».
Variantes: no tiene.
Onomástica: no tiene.

Héroe epónimo de Italia en la mitología griega, supuesto hijo de Penélope y Telégono, aunque existe cierta confusión respecto sus orígenes. Una versión relata que reinó con tanta justicia y prudencia, que en agradecimiento se dio su nombre al territorio de la península.

Personajes célebres: *Italo Calvino* (1923-1985), escritor italiano, autor de la trilogía «Nuestros antepasados» («El vizconde demediado», «El barón rampante», «El caballero inexistente») y de «Si una noche de invierno un viajero».

Jordán/a

Origen: hebreo.
Significado: de *jordan*, «el que baja, el que desciende».
Onomástica: 13 de febrero.

El nombre hace referencia al río en el que fue bautizado Jesús, que recorre durante sus 320 kilómetros territorios de Siria, Israel y Jordania, desembocando en el mar Muerto.

Personajes célebres: *beato Jordán de Sajonia* (siglo XIII), segundo general de los dominicos; *Giordano Bruno* (1548-1600), filósofo italiano seguidor de las ideas de Raimon Llull, que fue condenado a la hoguera por herejía.

Libia

Origen: romano.
Significado: Libia, comarca africana.
Onomástica: 15 de junio.

En la mitología griega, es la ninfa epónima del África septentrional que, unida a Poseidón, tuvo dos hijos, Agenor y Belo. Hoy da nombre al estado independiente de Libia, que tiene en la explotación del petróleo su principal actividad económica.

Personajes célebres: *Santa Libia* (siglo III), mártir en Palmira, ciudad de Siria.

Lidia

Origen: latín.
Significado: de *lidya*, «originaria de Lyd».
Variantes: Lida, Lídia, Lydia.
Onomástica: 27 de marzo.

Nombre femenino muy frecuente, que refiere a la antigua región de Lidia en el Asia Menor, situada entre Misia, Frigia, Caria y el mar Egeo. Su monarquía, en la que destaca el rey Creso, fue destruida por los persas.
Personajes célebres: *santa Lidia* (siglo I), tejedora de paños que acogió a san Pablo, es patrona de los tintoreros; *Lydia Bosch* (1963), actriz cinematográfica española, destacó en películas como «Mi hermano del alma» y «You're the one».

Nilo

Origen: latín.
Significado: de *Nilus*, «Nilo».
Variantes: Nila (fem.).
Onomástica: 27 de septiembre.

Nombre que refiere al gran río del África nororiental, considerado el más largo del mundo, que nace en Burundi y recorre 6.700 km para desembocar en el Mediterráneo. Su régimen de crecidas fue fundamental para el desarrollo de la agricultura egipcia y el surgimiento de su poderosa civilización. Adoptado como nombre personal en la antigua Roma, especialmente por romanos que servían o residían en la provincia de Egipto.

Román

Origen: latín.
Significado: de *romanus*, «perteneciente a Roma».
Variantes: Romano/a.
Onomástica: 28 de febrero.

Como nombre personal alude a la condición de ciudadano romano, que no eran todos los habitantes de la ciudad, ni todos los que la ostentaban vivían en ella. Sobre la etimología de Roma existen varias teorías, algunas sostienen que proviene del etrusco *rumi*, «popa del barco»; otras la relacionan con *Rumon*, antiguo nombre del río Tíber.

Personajes célebres: *San Román* (400-465), religioso francés, fundador de dos monasterios; *Romano Guardini* (1885-1968), filósofo y teólogo católico alemán, autor de «El espíritu de la liturgia» y «La esencia del cristianismo»; *Romano Prodi*(1939), economista y político italiano, primer ministro entre 1996 y 1998, fue elegido presidente de la Comisión Europea en 1999.

Nombres astrales

El firmamento y los meses y planetas del calendario astral han dado lugar a nombres tomados de ellos o derivados de sus movimientos y fenómenos cósmicos, como los que exponemos en este apartado.

Abril

Origen: latín.
Significado: de *aprilis*, «abril», «perteneciente al mes de abril».
Variantes: Abrilio/a, Aprilio/a.
Onomástica: no tiene.

Nombre femenino que refiere el segundo mes del año romano, aplicado antiguamente a los niños nacidos en ese mes. La tradición también ha asociado el nombre con el significado de «abrir», relacionando la primavera con la apertura del buen tiempo. Es más común en los países anglosajones (*April*), mientras que sus variantes están prácticamente en desuso.

Alba

Origen: latín.
Significado: de *albus*, «blanco», «brillante».
Variantes: Albo, Albino/a.
Onomástica: 14 de agosto.

El nombre personal se inspira en la locución latina *alba lux*, «luz blanca», que refería a la llegada de la aurora. Es frecuente en las lenguas románicas, y en España corresponde a un importante linaje nobiliario emparentado con la aristocracia británica.

Personajes célebres: *Duquesa de Alba* (1926), el primero de los veinte títulos de Grande de España que ostenta la aristócrata española Cayetana Fitz-James Stuart y Silva.

Aurora

Origen: latín.
Significado: de *aurora*, «el amanecer».
Variantes: Auro, Áurea.
Onomástica: 19 de junio / 15 de agosto.

En la mitología griega pertenece a la primera generación divina, la de los Titanes. También conocida como Eos, era la diosa encargada de abrir las puertas del cielo al carro del Sol. Los antiguos romanos también la asociaban a la voz *aureus*, «de oro», por el color dorado que tiñe el cielo al amanecer. El cristianismo mariano venera a la Virgen de la Aurora, con fiesta el 15 de agosto.

Personajes célebres: *Aurore Dupin* (1804-1876), escritora francesa conocida con el pseudónimo de *George Sand*, mantuvo relaciones sentimentales con varios literatos y músicos célebres, en especial con Fryderyk Chopin. Es autora de la novela «Lélia», de gran repercusión en su época.

Celeste

Origen: latín.
Significado: de *caelum*, «cielo», «celeste».
Variantes: Celestino/a.
Onomástica: 17 de mayo.

Nombre femenino de uso en varias lenguas europeas. Por ampliación de su significado también se asocia a «morada por los dioses». La variante Celestino, que significa «relativo al cielo», da nombre a la orden fundada por el papa Celestino V en el siglo XIII. A raíz de la protagonista de «La Celestina», obra maestra de la literatura española escrita por Fernando de Rojas en el siglo XVI, este nombre ha pasado a ser sinónimo de casamentera o alcahueta.

Personajes célebres: *Célestin Freinet* (1896-1966), pedagogo francés, creador de un método de enseñanza de inspiración laica y socializante, basado en el trabajo cooperativo y la autogestión. Es autor de «La educación del trabajo» (1947); *Celeste Holm* (1919), actriz estadounidense que destacó en el teatro neoyorquino, incursionó en el cine con filmes como «La barrera invisible» y «Eva al desnudo».

Celia

Origen: latín / etrusco.
Significado: del latín *caeles*, «celestial» y del etrusco *celi*, «septiembre».
Variantes: Celio, Celino/a.
Onomástica: 21 de octubre.

Nombre más usado en femenino, gentilicio de una antigua familia romana, corresponde también a *Caelius*, una de las siete colinas de Roma situada al sur del Capitolio, en el actual barrio de Letrán.
Personajes célebres: *Celia Cruz* (1925), cantante cubana, llamada la «Reina Rumba». Inició su carrera como vocalista de la orquesta Sonora Matancera y lleva casi 50 años en activo con giras por todo el mundo, abriendo sus conciertos con su famoso tema «Bemba colorá».

Estela

Origen: latín.
Significado: de *stella*, «estrella».
Variantes: Estrella, Stella.
Onomástica:: 11 de mayo.

Nombre de uso frecuente en diversos países, se difundió principalmente como advocación mariana a la *Stella Maris* o Virgen del Mar.
Personajes célebres: *Santa Estela*, mártir francesa del siglo III; *Estrellita Castro* (1914-1983), cantante y actriz española de renombre internacional, protagonizó películas como «suspiros de España», «La gitanilla» o «La patria chica».

Iris

Origen: griego.
Significado: de *eiro*, «anunciar».
Variantes: Iría, Iridio.
Onomástica: 4 de septiembre.

En la mitología griega es el nombre de la mensajera del Olimpo y, en general, representa la unión entre los dioses y los hombres. Se le atribuyen funciones de heraldo, transmitiendo los mensajes y consejos de los dioses a los mortales. Como nombre cristiano es advocación a la Virgen del Arco Iris. Da también título a una ópera del compositor italiano Pietro Mascagni, (1863-1945).
Personajes célebres: *Iris Murdoch* (1919-1999), escritora y pensadora británica adepta al existencialismo, es autora de «Sartre, el racionalista romántico» entre otros ensayos. En su obra narrativa destacan las novelas «Un hombre accidental» y «El buen aprendiz».

Luz

Origen: latín.
Significado: de *lux*, «luz».
Variantes: Lucita.
Onomástica: 1 de julio.

Advocación mariana como abreviación de Nuestra Señora de la Luz.
Personajes célebres: *Luz Casal* (1955), cantante española, considerada una de las mejores solistas de la actualidad, ha popularizado canciones como «Te dejé marchar», «una señal» o «No me importa nada».

Lucero

Origen: latín.
Significado: de *lucens*, «lo que luce o da luz».
Variantes: Lucerino/a.
Onomástica: no tiene.

Nombre que daban los romanos al planeta Venus, astro que anuncia la aurora y trae la luz del día. Se emplea con frecuencia en poesía como metáfora de los ojos o de su luminosidad.

Martiniano/a

Origen: latín.
Significado: «de la familia de *Martinus*».
Variante: Martín/a.
Onomástica: 2 de julio.

Derivado de Martín, «perteneciente a Marte». En la mitología romana era el nombre del dios de la guerra, probablemente por el color sanguíneo que presenta ese planeta visto desde la Tierra.
Personajes célebres: *José Martiniano Alencar* (1829-1877), político, escritor y periodista brasileño, autor de obras indigenistas como «El guaraní», «El gaucho» y «El sertanejo». En 1868 fue ministro de Justicia.

Mercurio

Origen: latín.
Significado: de *mercurius*, «el que se ocupa de las mercancías».
Variantes: no tiene.
Onomástica: 25 de noviembre.

Nombre del planeta más cercano al Sol y del dios latino equivalente al Hermes griego, es en la mitología romana el protector del comercio. Al igual que a Hermes, se le representa con sombrero, sandalias aladas y caduceo (vara delgada, lisa y cilíndrica, rodeada de dos culebras).

Saturnino/a

Origen: latín.
Significado: de *saturnius*, «que pertenece a Saturno».

Variantes: Saturno, Saturnio.
Onomástica: 29 de noviembre.

La raíz griega *satur* significa «saciado, saturado», haciendo referencia al mito del dios Saturno, que devoraba a sus hijos en cuanto nacían para evitar el vaticinio de que uno de ellos lo destronaría. Entre las muchas obras de arte inspiradas en este tema, destaca *Saturno devorando a sus hijos*, del pintor español Francisco Goya (1746-1828).

Selene

Origen: griego.
Significado: de *selene*, «la luna».
Variantes: Selena.
Onomástica: no tiene.

En la mitología griega corresponde a la diosa que personifica la luna. Es representada recorriendo el cielo, montando en un carro de plata tirado por dos caballos. También es célebre por sus amores con los dioses Zeus, Pan y Endimión.

Sol

Origen: latín.
Significado: de *sol*, «el Sol».
Variantes: no tiene.
Onomástica: 3 de diciembre.
El dios Sol, también conocido como Helios en la mitología griega, era representado por un joven de gran belleza que durante el día recorría el cielo montado en su carro, y descansaba por la noche en su palacio de oro. En español, el nombre es utilizado en femenino, siendo común en nombres compuestos.

Nombres de cualidades

Los nombres propios que refieren a cualidades o virtudes de las personas, tienen habitualmente un sentido de buen augurio para el niño o niña recién nacida, como una especie de alabanza anticipada a sus eventuales méritos. También pueden representar un homenaje a cualidades de origen religioso, como las tres virtudes teologales.

Belinda

Origen: germánico.
Significado: de *lind*, «dulce», suave».
Variantes: Linda, Belindo.
Onomástica: 28 de agosto.

Nombre que se ha extendido a los países anglosajones y latinos, así como su versión original «Linda», más frecuente en Hispanoamérica. Gozó de gran popularidad en el Medioevo a partir de Belinda, esposa del paladín franco Roland o Ronaldo, sobrino de Carlomagno. Suele utilizarse erróneamente como variante de Belén.

Benigno/a

Origen: latín.
Significado: de *benignus*, «benevolente», «tolerante».
Variantes: no tiene.
Onomástica: 1 de noviembre.

Nombre utilizado por algunas gens de la antigua Roma, se hizo frecuente en la Europa latina, en especial entre eclesiásticos. San Benigno fue el apóstol de Borgoña en el siglo II, que murió martirizado en el año 179 y cuyo sepulcro en Dijon aún es motivo de veneración.

Caridad

Origen: latín.
Significado: de *charitas*, «amor», «caridad».
Variante: Cari.
Onomástica: 1 de agosto.

Nombre femenino que corresponde a una de las tres virtudes teologales, por lo que suele ser adoptado por las novicias como nombre en religión. Según la leyenda santa Caridad fue martirizada en la Roma del siglo II, junto a sus hermanas Fe y Esperanza.

Clara

Origen: latín.
Significado: de *clarus*, «claro», «limpio».
Variantes: Claricio/a, Clarisa; Claro (masculino).
Onomástica: 11 de agosto / 12 de agosto (Clarisa).

Nombre muy común en el mundo hispanohablante, con cierta extensión en otros ámbitos lingüísticos, principalmente en Italia. Fue portado por cuatro santas cristianas, siendo la más conocida santa Clara de Asís.
Personajes célebres: *santa Clara de Asís* (1193-1253), religiosa italiana, fundadora de la orden de las clarisas, en 1211 fue consagrada por el propio san Francisco. Escribió una «Forma de vida» y la regla de su congregación, textos en los que insiste en la pobreza como norma esencial de la vida monástica. Según la tradición, sus oraciones alejaron a los sarracenos que estaban asediando la ciudad de Asís.

Clemencia/o

Origen: latín.
Significado: de *clemens*, «benévolo», «piadoso».
Variantes: Clemente, Clementino/a.
Onomástica: 21 de marzo.

Nombre esencialmente cristiano, hoy en cierto desuso, la variante «Clemente» fue adoptada por catorce papas. Hubo también un san Clemente que se dedicó a propagar la fe cristiana en Austria y Polonia en el siglo XIX. «La clemencia de Tito» es una ópera de Mozart que exige gran virtuosismo vocal, estrenada en Praga en 1791.

Constancia/o

Origen: latín.
Significado: de *constans*, «constante», «pertinaz».
Variantes: Constante, Constanza, Constantino/a.
Onomástica: 23 de septiembre / 7 de abril (Constanza).

Aparte de su significado específico, este nombre tuvo otra virtud: la de hacer ilustres sus variantes, sobre todo la de Constantino, el emperador romano que autorizó el culto cristiano. Otro emperador romano y uno bizantino llevaron el nombre de Constante, otros tres césares se llamaron Constancio, y el femenino Constanza fue portado por cuatro reinas, entre ellas la esposa de Jaime III, rey de Mallorca en el siglo XIV.
Personajes célebres: *Constantino I, llamado el Grande* (280?-337), emperador romano, que en el 312 derrotó a Majencio en la batalla del puente Milvio, proclamándose «Máximo Augusto». Al año siguiente por el edicto de Milán autorizó la práctica del cristianismo, al que desde entonces promovió y protegió, al tiempo que dificultaba el judaísmo y los cultos paganos. No obstante, sólo aceptó bautizarse en su lecho de muerte.

Dorotea/o

Origen: griego.
Significado: de *doro-Theos*, «don de Dios».
Variantes: Dora, Doris, Teodoro/a, Teodosio/a.
Onomástica: 6 de febrero / 5 de octubre (Doroteo).

Santa Dorotea fue una virgen y mártir del siglo IV, patrona de los jardine-
ros. Los primeros cristianos tomaron este nombre directamente de los textos griegos, y su uso prevaleció sobre todo en el ámbito de la Iglesia Ortodoxa, aunque se emplea también en Occidente. La raíz *doro* (don, regalo)
forma por sí sola las dos variantes, mientras que Teodoro/a es una inver-
sión de los componentes de Doroteo/a.

Dulce

Origen: latín.
Significado: de *dulcis*, «dulce», «suave».
Variantes: Dulcinea.
Onomástica: 12 de septiembre.

Nombre cristiano de advocación mariana por el «Dulce nombre de María»,
en Cataluña y el sureste francés honra también a Dolça de Provenza, esposa de Ramón Berenguer III, conde de Barcelona. La variante Dulcinea tiene en español el significado de «mujer ideal», tal como sueña el caballero
don Quijote a Dulcinea del Toboso.

Esperanza

Origen: latín.
Significado: de *spes*, «esperanza», «espera».
Variantes: no tiene.
Onomástica: 1 de agosto / 18 de diciembre.

La devoción cristiana de este nombre proviene de santa Sofía, piadosa
dama rusa del siglo II, que bautizó a sus hijas con los nombres de las virtu-

des teologales: Fe, Esperanza y Caridad. Las tres jóvenes murieron martirizadas por negarse a abjurar de su religión (*véase* Caridad en este mismo apartado).

Estibaliz

Origen: euskera.
Significado: de *esti* ba-litz, «dulce como la miel».
Variantes: Estíbaliz, Estibalitz, Estibariz.
Onomástica: 1 de mayo / 12 de septiembre.

Nombre femenino frecuente en el País Vasco, empleado ocasionalmente en el resto de España y considerado de buen augurio para la recién nacida. El monasterio de Estíbaliz se encuentra en Villafranca (Álava), fue construido en el siglo XII y es uno de los mayores ejemplos del románico vascongado.

Facundo/a

Origen: latín.
Significado: de *facundus*, «elocuente», «que se expresa muy bien».
Variantes: Fagundo/a.
Onomástica: 27 de noviembre.

Utilizado como sobrenombre de los grandes oradores romanos, dio en español el sustantivo «facundia», con el mismo sentido de buen hablar y el nombre propio Facundo, hoy casi en desuso.
Personajes célebres: *Juan Facundo Quiroga* (1793-1835), militar y político argentino, caudillo de los gauchos de La Rioja, que luchó por una federación de provincias contra el unitarismo de Buenos Aires. Su carácter vandálico inspiró el libro de Domingo F. Sarmiento «Facundo: civilización o barbarie».

Fructuoso/a

Origen: latín.
Significado: de *fructuosus*, «que da frutos», «provechoso».
Variantes: Frutoso, Frutos.
Onomástica: 20 de enero.

Nombre portado por san Fructuoso, obispo de Tarraco (Tarragona) en el siglo II, que murió martirizado en la hoguera junto a sus diáconos. Fue frecuente en la España de la Edad Media y hasta principios del siglo XX, aunque ahora ha caído en desuso y sólo se conserva la variante «Frutos» como apellido. Su devoción en Portugal responde a san Fructuoso de Braga, monje fundador de varios conventos en el siglo VII.

Gracia

(*véase* nombres cristianos.)

Libertad

Origen: latín.
Significado: de *libertas*, «libertad», «franqueza».
Variantes: Liber, Liberto/a, Liberio/a.
Onomástica: no tiene.

Nombre femenino que, como otros de significado semejante, se empleó como reafirmación laica y revolucionaria a partir del surgimiento y extensión del movimiento anarquista.
Personajes célebres: *Libertad Lamarque* (1909-2000), actriz y cantante argentina radicada en México, grabó numerosos temas populares y fue protagonista de varios filmes. En 1945 se trasladó al país azteca, donde reinició su carrera alcanzando un prolongado éxito a lo largo de cinco décadas.

Liberto/a

Origen: latín.
Significado: de *libertus*, «liberado».
Variantes: Liberio/a.
Onomástica: 18 de enero.

Voz latina que se usaba con frecuencia en Roma como apodo de los esclavos liberados por sus amos, su empleo como nombre propio cristiano responde a la advocación femenina de san Liberto de Cambrai, obispo de esa ciudad francesa en el siglo XII. Al igual que sus variantes fue recuperado por las familias de ideas nihilistas o ácratas entre finales del siglo XIX y principios del XX.

Linda

(*Véase* Belinda en este mismo apartado.)

Maravillas

Origen: latín.
Significado: de *mirabilia*, «admirable».
Variante: Maravilla.
Onomástica: 11 de diciembre.

Nombre laudatorio y de buen augurio, quizás una transposición del culto a la Virgen de los Milagros.

Modesto

Origen: latín.
Significado: de *modestus*, «moderado», «sencillo».
Variantes: no tiene.
Onomástica: 24 de febrero.

Personajes célebres: *Modest Musorgski* (1839-1881), compositor ruso, integrante destacado del Grupo de los Cinco (con Rimski-Korsakov, Borodin, Balakirev y Cui), cultivó la música romántica y nacionalista en obras como «Una noche en el monte pelado», «Cantos y danzas de la muerte» o «Cuadros de una exposición». Su ópera «Boris Gudonov» alcanzó una merecida notoriedad.

Pío/a

(*Véase* nombres cristianos/genéricos.)

Plácido/a

Origen: latín.
Significado: de *placidus*, «plácido», «tranquilo».
Variantes: no tiene.
Onomástica: 5 de octubre.
Este nombre ingresa en la onomástica cristiana a partir de san Plácido, monje benedictino del siglo V. Según la tradición era de carácter rebelde, hasta que en una ocasión estuvo a punto de ahogarse y entonces se transformó en hombre plácido y tranquilo. Hubo también una princesa romana llamada Gala Placidia, que apresada por los visigodos se casó con Ataúlfo y se instaló en Barcelona.
Personajes célebres: *Plácido Domingo* (1941), cantante y director de orquesta español formado en México, posee una excelente voz de tenor lírico y ha triunfado en los grandes teatros del mundo; en su amplio repertorio destacan las óperas veristas de Verdi y Puccini. Ha grabado también canciones populares y forma parte del grupo «Los tres tenores» (con Carreras y Pavarotti), de gran éxito internacional.

Próspero/a

Origen: latín.
Significado: de *prosperus*, «afortunado», «próspero».

Variantes: no tiene.
Onomástica: 25 de junio.

Personajes célebres: *Prosper Mérimée* (1803-1870), escritor francés situado entre el romanticismo y el realismo, autor de las novelas «El jarrón etrusco», «La venus de Ille», «Colomba», y sobre todo «Carmen», tema de la popular ópera homónima de Georges Bizet, que dio lugar a numerosas versiones coreográficas y cinematográficas.

Prudencia/o

Origen: latín.
Significado: de *prudens*, «previsor», «avisado».
Variantes: Prudente/a.
Onomástica: 6 de mayo / 6 de abril (Prudencio).

Nombre romano difundido entre los primeros cristianos, renace en el siglo VI a partir de san Prudencio, monje alavés que fue ermitaño, evangelizador en Calahorra y obispo de Tarazona; es patrono de Álava y de su capital Vitoria (Gasteiz).
Personajes célebres: *santa Prudencia* (siglo XV), religiosa agustiniana que, de acuerdo a la tradición, se levantó del ataúd donde yacía durante el velatorio, y corrió a postrarse ante el Santísimo Sacramento. Es invocada para salvar a los enfermos en peligro de muerte.

Pura

Origen: latín.
Significado: de *purus*, «limpio», «sin mancha».
Variantes: Purísima, Purificación (*véase* Nombres cristianos/Genéricos).
Onomástica: 8 de diciembre.

Nombre de advocación mariana que no suele utilizarse en masculino, alude a la pureza de la Virgen, libre de pecado original y concebida también sin pecado. De allí que su onomástica se celebre el día de la Inmaculada Concepción.

Virtudes

Origen: latín.
Significado: de *virtutis*, «méritos», «esfuerzos».
Variante: Virtud.
Onomástica: 1 de diciembre.
Nombre cristiano femenino empleado en el ámbito hispanohablante, hace referencia a las tres virtudes teologales. La variante «Virtud» se ha usado ocasionalmente para el género masculino.

Anexo I

Calendario onomástico

Enero

1 María Madre de Dios; Nombre de Jesús.
2 Basilio el Grande; Gregorio Nacianceno.
3 Genoveva; Daniel (patriarca).
4 Ana Isabel Seton; Ángela Foligno.
5 Simeón el Estilita; Eduardo; Juan Nepomuceno; Emiliana.
6 Epifanía o Adoración de los Reyes Magos: Melchor, Gaspar y Baltasar.
7 Raimundo de Peñafort; Virginia; Aquiles.
8 Severino de Nórica; Luciano.
9 Adrián de Canterbury; Alicia Le Clerc.
10 Guillermo de Bourges; Gonzalo; Pedro Orséolo.
11 Teodosio el Cenobita; Hortensia; Paulino de Aquilea.
12 Tatiana; Alfredo; Cesarina; Benito Biscop; Margarita Bourgeois.
13 Hilario; Verónica Negroni.
14 Serafín de Sarov; Félix de Nola.
15 Alejandro el Acemeta; Raquel; Pablo de Tebas.
16 Marcelo I papa; Odón.
17 Antonio abad; beata Rosalina de Villeneuve.
18 Liberto; Jaime Hilario.
19 Mario; Marta; Germánico; Guillermo Sautemouche.
20 Sebastián; Fabián; Fructuoso.
21 Inés; Albano Roe.
22 Vicente de Zaragoza; Emmanuel; Laura Vicuña.
23 Bernardo; Juan el Limosnero; Severiano.

24   Francisco de Sales; Nuestra Señora de la Paz.
25   Conversión de san Pablo.
26   Tito y Timoteo; Paula; Amón.
27   Ángela de Mérici; Julián de Mans.
28   Tomás de Aquino; Carlomagno.
29   Pedro Nolasco; Julián el hospitalario; Valerio.
30   Martina o Marina; Carlos I Estuardo; Jacinta de Mariscotti.
31   Juan Bosco; Marcela.

Febrero

1   Andrés de Segni.
2   Purificación de la Virgen; Nuestra. Señora de la Candelaria; Aída.
3   Blas; Oscar; Nuestra Señora de los Remedios; Olivia.
4   Verónica; Azarías; Olivia.
5   Águeda o Ágata; Adelaida de Colonia.
6   Pedro Bautista; Dorotea; Amando; Gastón.
7   Eugenia; Anselmo Polanco.
8   Jerónimo Emiliano.
9   Abelardo; Apolonia; Miguel Febres Cordero.
10   Amancio; Arnaldo Cattaneo.
11   Adolfo; Nuestra Señora de Lourdes.
12   Eulalia; Félix de Abitene; Alexis de Moscú.
13   Beatriz de Ornacieu; Jordán de Sajonia.
14   Valentín.
15   Jorgina; Fausto y Jovita; Sigfrido; Claudio de la Colombière.
16   Elías; Jeremías; Isaías; Samuel; Daniel; Onésimo; Lucila; Juliana.
17   Siete Fundadores de los Servitas; * Mariana.
18   Bernardita o Bernardette Soubirous; Claudio.
19   Álvaro de Córdoba; beato de Liébana; Gabino.
20   Jacinta y Francisco Marto; Amada.
21   Pedro Damiano; Noel Pinot.
22   Leonor; Margarita de Cortona; Isabel de Francia.
23   Lázaro el Iconógrafo; Josefina Vannini.

*   La orden mendicante de los Siervos de María; o Servitas; fue fundada en 1233 por san Fe-
       lipe Benicio y otros seis religiosos; con carácter estricto y contemplativo.

24 Modesto; Sergio.

25 Romeo; Teresio.

26 Alejandro de Alejandría; Andrés de Florencia.

27 Lucas de Sicilia; Gabriel de la Dolorosa.

28 Román; Antonia o Antonieta.

29 Gregorio de Narek; Augusto Chapdelaine.

Marzo

1 David; Albino; Adriano.

2 Carlos el Bueno; Inés de Praga; Lucio.

3 Marino; Catalina Drexel; Anselmo de Nonantola.

4 Néstor; Humberto de Saboya.

5 Olegario; Jeremías de Valaquia; Juan José de la Cruz.

6 Virgilio; Rosa de Viterbo; Teófilo.

7 Pablo de Plousias; Teresa Margarita Redi.

8 Juan de Dios; Julián de Toledo.

9 Anastasia la Patricia; Francisca Romana; Catalina de Bolonia.

10 Gregorio de Nisa; Dionisio; Rosina.

11 Maximiliano; Justina; Ramiro.

12 Ángel de la Pisa; Constantino de Escocia.

13 Rodrigo; Salomón; Salvador.

14 Matilde; Luisa de Marillac; Lucrecia; Clemente María Hofbauer.

15 César; Madrona; Julián de Anazarba.

16 Abraham ermitaño; Benita.

17 Isaac; Alejandro de Cesarea; Patricio.

18 Eduardo; Narciso de Gerona.

19 José; Amancio; Quinto.

20 Alejandra; Nicolás de Flue; Clemencia de Hohenber.

21 Bienvenido; Fabiola; Clemencio.

22 Lea; Nicolás Owen; Pablo de Narbona.

23 José Oriol; Victoriano; Toribio; Lucas el Nuevo.

24 Catalina de Suecia; Dimas.

25 Anunciación de la Virgen; Encarnación; Humberto; Rebeca.

26 Manuel de Anatolia; Pedro Sebaste; Teodosio.

27 Lidia; Juan ermitaño.

28   Jonás; Sixto III.
29   Juan Clímaco; Cástor; Guillermo Tempier.
30   Amadeo de Saboya.
31   Benjamín.

Abril

1   Hugo; Valerio.
2   Francisco de Paula; María Egipcíaca; Alejandrina.
3   Ricardo; Juan de Nápoles.
4   Isidoro de Sevilla; Benito de Palermo.
5   Gerardo; Vicente Ferrer; Irene.
6   Prudencio; Marcelino.
7   Juan Bautista de la Salle; Germán; Epifanio.
8   Constanza; Alberto de Jerusalén.
9   León IX; Julia Billiard.
10   Ezequiel; Pompeyo; Magdalena de Canosa; Antonio Neyrot.
11   Estanislao; Helena Guerra; Felipe de Gortina.
12   Julio I; Constantino; Zenón de Verona.
13   Martín I papa; Albertino.
14   Lidia; Máximo; Valeriano.
15   César de Bus; Teodoro; Lucio.
16   Benito José de Labre; Julia; Fructuoso de Braga.
17   Mariana de Jesús; Roberto abad; Esteban Harding.
18   Apolonio; María de la Encarnación; Terencio.
19   Emma; Jorge de Antioquia; León IX; Sócrates.
20   Severiano; Inés de Montepulciano; Marcelino de Embrun.
21   Anselmo; Alceo; Silvio; Lucio.
22   Apeles; Leónidas; Francisco Venimbeni.
23   Jorge; Gerardo de Toul; Teresa María de la Cruz.
24   Fidel de Sigmaringen; Benito Menni.
25   Marcos evangelista; Calixto; Esteban de Antioquia.
26   Isidoro; Alida; Marcelino.
27   Nuestra Señora de Montserrat; Franca.
28   Teodora; Pedro Chanel; Valeria; Prudencio de Tarazona.
29   Catalina de Siena; Luis María Grignion de Monforte.
30   Pío V; Roberto de Molesmes; Amador; Sofía.

Mayo

1 José Obrero; Jeremías; Estibáliz.

2 Tamar; Teodosio de Petchersk; Araceli.

3 Felipe; Santiago el Menor.

4 Gregorio el Iluminador; Florián; Silvano; Antonino de Florencia.

5 N. Sra. de África, de Araceli, de las Nieves; Blanca;
  Ángel o Angélico.

6 Mariano y Santiago; Domingo Savio; Benita de Roma.

7 Prudencia; Augusto; Rosa Venerini.

8 Bonifacio IV; Pedro de Tarantasia.

9 Catalina de Bolonia; Gregorio (obispo).

10 Job; Juan de Ávila; Antonino de Florencia.

11 Nuestra Señora de los Desamparados; Estrella o Estela.

12 Aquiles; Domingo de la Calzada; Pancracio;
   Germán de Constantinopla.

13 Nuestra Señora de Fátima; Pedro Nolasco; Rolanda;
   Miguel Garicoits.

14 Matías; Pablo y Andrés; Poncio; Gemma Galgani; Perla.

15 Isidro Labrador; Dionisia; Victorino.

16 Juan Nepomuceno; Andrés Bobola; Iván; Margarita de Cortona.

17 Pascual Bailón; Adrián; Celeste o Celestina.

18 Rolando; Alejandra; Eric; Claudia.

19 Celestino V; Francisco Coll; Adolfo de Cambrai.

20 Bernardino de Siena; Coloma; Orlando;Teodoro de Pavía.

21 Virginia; Joaquina Vedruna; Jacinto Cormier.

22 Emilio; Rita; Julia; Aitor.

23 Juan Vladimiro; Miguel (obispo); Juan Bautista de Rossi.

24 Nuestra Señora del Rocío; Susana; Ester; Vicente de Lerins.

25 Magdalena Sofía Barat; Gregorio VII.

26 Felipe Neri; Mariana de Jesús.

27 Alberto de Bérgamo; Agustín de Canterbury.

28 Germán de París; Emilio.

29 Félix; Maximino de Tréveris.

30 Nuestra Señora de Stella Maris; Fernando III.

31 Visitación de la Santísima Virgen María; Juana de Arco.

Junio

1 Justino; Laura; Luz; Íñigo abad.
2 Marcelino; Bautista; Juan de Ortega; Domingo Ninh.
3 Carlos Luanga; Clotilde; Cecilio.
4 Rut; Laureano; Noemí.
5 Bonifacio; Doroteo; Marcos el Nuevo.
6 Norberto; Marcelino de Champagnat; Amancio, Paulina.
7 Roberto; María Teresa de Soubiran.
8 Diana de Andaló; Cecilia Romana; Calíope; Maximino de Arlés.
9 Amada; Ana María Taigi; Maximiano de Siracusa
10 Amancio; Oliva u Olivia Landry.
11 Bernabé; Helena; Alicia o Adelaida; Manases.
12 León III papa; Antonina; Juan de Sahún; Florida.
13 Antonio de Padua; Antonino, Mercedes de Jesús.
14 Eliseo; Félix, Gerardo de Claraval; Elisenda.
15 Germana Cousin; Bernardo de Mentón; Modesta.
16 Ciro; Juliana; Aureliano; Juan Francisco Régis.
17 Ismael; Manuel; Emilia de Vialar.
18 Leoncio; Amando; Paula; Marina.
19 Gervasio; Juliana de Falconieri; Aurora.
20 Silverio; Juan de Matera; Margarita Ebner; Florencia o Florentina.
21 Luis Gonzaga; Rodolfo o Raúl de Bourges; Ramón de Roda.
22 Paulino de Nola; Albano; Juan Fischer; Tomás Moro.
23 Jacob; Agripina; María de Oignies.
24 Juan Bautista; Juan el Nuevo
25 Próspero; Guillermo; Salomón III.
26 Pelayo; Josemaría Escrivá de Balaguer; David.
27 Adelino; Cirilo de Alejandría.
28 Ireneo; Marcela.
29 Pedro y Pablo; Emma de Gurk.
30 Marcial; Adolfo (obispo); Bernardo de Le Mans.

Julio

1   Nuestra Señora de la Luz; Leonor; Julio; Aarón.
2   Otón de Bamberg; Martiniano.
3   Tomás; Raimundo o Ramón Llull.
4   Isabel de Portugal; Florencio; Berta.
5   Elías de Bourdeille; Sancho o Santo.
6   Godelina; María Goretti.
7   Raúl Milner y Rogelio Dickenson.
8   Edgardo; Mártires de Orange.
9   Nuestra Señora de los Milagros; Verónica Giuliani.
10 Pacífico; Amalia.
11 Benito; Olga.
12 Juan Gualberto; Oliverio Plunket.
13 Esdras; Eugenio de Cartago; Joel; Enrique II.
14 Camilo de Lelis; Francisco Solano; Vladimiro.
15 Buenaventura; Rosalía.
16 Nuestra Señora del Carmen o del Monte Carmelo; Isaías (profeta).
17 Alejo; Carmelitas de Compiègne; Marcelina.
18 Eugenio; Marina; Federico.
19 Vicente de Paúl, Pedro de Cadireta.
20 Margarita; Elías; Aurelio.
21 Víctor; Alejandro y Feliciano; Lorenzo de Brindisi.
22 María Magdalena; Andrés; Platón.
23 Rómula; Severo; Pedro Ruiz de los Paños.
24 Cristina la Admirable; Francisco Solano; Boris.
25 Cristóbal; Elvira; Santiago el Mayor.
26 Ana y Joaquín.
27 Constantino; Natalia; Aurelio y compañeros mártires.
28 Sansón; Pedro Poveda.
29 Marta; Lázaro de Betania.
30 Julita o Julia; Pedro Crisólogo.
31 Ignacio de Loyola; Germán de Auxerre.

Agosto

1 Alfonso María de Ligorio; Vera; Esperanza y Caridad.
2 Nuestra Señora de los Ángeles; Alfreda de Mercia;
   Esteban I papa.
3 Lidia; Gustavo; Nicodemo.
4 Rubén; Violeta; Tertuliano.
5 Nuestra Señora de África, de Araceli, de las Nieves;
   Abel de Reims.
6 Octaviano; Berta.
7 Sixto II; Donato; Cayetano.
8 Domingo de Guzmán; Leonidas; Marino de Tarso.
9 Juliano; Florentino Ascencio.
10 Lorenzo; Hugo de Montaigo; Paula.
11 Clara de Asís; Susana.
12 Graciliano; Clarisa; Maximiliano de Tebesa.
13 Juan Berchmans; Máximo confesor.
14 Maximiliano Kolbe; Alba; Marcelo (obispo).
15 Nuestra Señora de Ainoa, de Araceli, de la Aurora, del Mar,
   de Stella Maris; Sonsoles; Miriam; Azucena.
16 Adonías; Beatriz de Silva; Esteban de Hungría.
17 Liberto y compañeros; Jacinto de Cracovia.
18 Elena o Helena; Patricio (obispo); Nicolás Factor.
19 Juan Eudes; Mariano; Jordán de Pisa.
20 Bernardo de Claraval; Samuel (profeta); Amador.
21 Pío X; Gracia y María.
22 Juan de Kemble; Sigfrido.
23 Rosa de Lima; Ovidio; Minerva.
24 Bartolomé; Emilia de Vialar; Cosme Aitolos.
25 Luis IX; José de Calsasanz; Lucila.
26 César de Arlés; Natalia; Santiago de Bevagna.
27 Mónica; Rolando; Amadeo.
28 Agustín de Hipona; Hermes; Viviano; Linda o Belinda;
   Moisés el Etíope.
29 Martirio de san Juan Bautista; Sabina.
30 Alejandro Nevski; Juana Jugan.
31 Ramón Nonato; Arístides.

Septiembre

1 Josué (juez de Israel); Gedeón; Terenciano de Todi; Arturo.
2 Raquel (mujer de Jacob); Carlos Hurtiel; Próspero de Tarragona.
3 Gregorio Magno; Dorotea.
4 Moisés (patriarca); Rosalía; Juan Damasceno; Iris; Marino.
5 Lorenzo Justiniano; Rómulo; Victorino.
6 Nuestra Señora de Guadalupe; Eva de Dreux.
7 Judit; Juan de Lodi.
8 Natividad de la Santísima Virgen María; Nuestra Señora de Covadonga, de Meritxell, de Nuria; Adriano.
9 Pedro Claver; Nuestra Señora de Aránzazu; Serafina.
10 Nicolás Tonentino; Luis Flores; Pedro de Menzonzo.
11 Domingo de Silos; Buenaventura; Daniel de Bangor.
12 Dulce nombre de María; Nuestra Señora de Estíbaliz; Juan Gabriel Perboyre.
13 Juan Crisóstomo; Jacob o Israel (patriarca); Victoria.
14 Juan Crisóstomo; Exaltación de la Santa Cruz; Amado.
15 Nuestra Señora del Mar; Dolores; Rolando de Médicis; José el Nuevo.
16 Cipriano de Cartago; Lucía; Martín de Finojosa; Sebastiana.
17 Alberto de Jerusalén; Judith (Antiguo Testamento); Coloma.
18 Ariadna; Fidel; Juan Macías.
19 Teodoro; Constancia; Ricarda; Victorina.
20 Clemente Marschisio; Francisco de Posadas; Fausta; Emilia de Rodat.
21 Mateo (evangelista); Jonás (profeta); Débora.
22 Mauricio; Félix I (papa); Dionisio de Pamplona.
23 Constante o Constancio; Lino; Pío de Pietrelchina.
24 Nuestra Señora de la Merced; Antonio de León; Dalmacio Moner.
25 Fermín de Amiens; Herculano; Aurelia.
26 Cosme y Damián; Gaspar; Justina.
27 Vicente de Paúl; Nilo el Joven.
28 Simón de Rojas; Salomón; Inocencio de Berzo.
29 Arcángeles Miguel, Gabriel y Rafael; Adolfo; Mauricio de Langonnet.
30 Gerónimo o Jerónimo.

Octubre

1   Teresita del Niño Jesús; Ariel; Máxima y Julia mártires.
2   Ángeles Custodios; Antonio Chevrier; Teodoro Gabras.
3   Francisco de Borja; Maximiliano de Numidia; Blanca.
4   Francisco de Asís; Áurea, Julián Mayali.
5   Plácido; Doroteo; Flor o Flora.
6   Bruno; Diego de Santivores; Emilio.
7   Nuestra Señora del Rosario; Gustavo; Dionisio Areopagita; Sergio.
8   Simeón; Thais; Jimena o Ximena; Lorenza.
9   Abraham (profeta); Sara; Benito de Jesús.
10 Casio; Septimio; Máxima.
11 Nuestra Señora de Begoña; Soledad Torres Acosta; Cleopatra.
12 Nuestra Señora del Pilar; Serafín; Maximiliano; Wilfredo.
13 Fausto; Eduardo (rey); Rómulo de Génova.
14 Domingo Loricato; Celeste; Juan Ogilvie.
15 Teresa de Jesús; Aurelia; Bruno de Colonia.
16 Florentino de Tréveris; Margarita María Alacoque; Amanda.
17 Ignacio de Antioquía; Agustina del Sagrado Corazón;
     Florencio de Orange.
18 Lucas (evangelista); Isaac Yogues; Rosina.
19 Pedro de Alcántara; Laura; Pablo de la Cruz.
20 Irene; Adelina o Alina; Andrés de Creta; Paula o Saula.
21 Gonzalo de Lagos; Celia; Hugo de Ambronay.
22 Salomé; Heraclio; Josefina Leroux.
23 Juan Capristano; Severino; Ignacio de Constantinopla.
24 Antonio María Claret; Florentino; José Balbo; Martín de Mondragón.
25 Alejandro Briant; Daría; Crisanto.
26 Albino; Amando; Luciano.
27 Abraham (ermitaño); Antonieta; Vicente y Sabina.
28 Simón Pedro; Alfredo el Grande; Fidel de Samolaco.
29 Narciso; Marcelo el Centurión; Ana la Joven.
30 Dorotea Swartz; Claudio; Marcelo.
31 Alfonso Rodríguez; Quintín; Nicolás de Quíos.

Noviembre

1 Todos los Santos; Cesáreo; Penélope; Benigno.
2 Conmemoración de los Fieles Difuntos; Tobías; Victorino.
3 Martín de Porres; Silvia.
4 Carlos Borromeo; Tadeo; Félix de Valois.
5 Zacarías e Isabel (padres de san Juan Bautista); Ángela.
6 Leonardo; Josefa; Beatriz.
7 Ernesto; Gracia; Lázaro el Estilita.
8 Claro de Tours; Isabel; Severiano.
9 Teodoro; Elena de Hungría.
10 León Magno; Noé (patriarca); Tiberio; Ninfa.
11 Martín de Tours; Bartolomé el Joven; Inés de Baviera.
12 Cristián; Emiliano; Benito; Isaac; Santiago y Mateo.
13 Leandro; Eugenio; Luis Versiglia.
14 Diego de Alcalá; Magdalena Morano.
15 Alberto Magno; Arturo.
16 Margarita de Escocia; Valerio; Isidoro Primo.
17 Gregorio el Taumaturgo; Isabel de Hungría; Hilda.
18 Odón; Felipa Duchesne.
19 Abdón o Abdías; Santiago Benfatti.
20 Octavio; Félix; Edmundo.
21 Presentación de la Virgen María; Romeo; Alberto de Lieja; Esteban.
22 Cecilia; Salvador Lilly.
23 Clemente de Roma; Lucrecia.
24 Delfín; Flora y María.
25 Catalina de Alejandría; Águeda; Mercurio; Gonzalo (obispo).
26 Inocencio de Irkutsk; Leonardo de Mauricio.
27 Máximo; Elisabet; Facundo; Ramón Llull.
28 Gracia de Cattaro; Santiago de la Marca.
29 Saturnino; Lucano; Federico de Ratisbona.
30 Andrés; Constancio de Roma; Tadeo.

Diciembre

1   Eloy; Florencia; Virtudes teologales; Lucio.

2   Bibiana o Viviana; Juan Ruysbroeck.

3   Francisco Javier; Claudio; Sol; Víctor y Julio.

4   Bárbara; Ada; Juan de Damas.

5   Bartolomé Fanti; Elisa; Felipe Rinaldi.

6   Nicolás de Bari; Dionisia; Leoncia.

7   Ambrosio; Martín de Saujón.

8   Inmaculada Concepción de María; Ester; Zenón de Verona.

9   Pedro Fourier; Clara Isabel Fornari.

10 Eulalia; Gregorio III (papa).

11 Daniel el estilita; Franco de Siena; Maravillas.

12 Nuestra Señora de Guadalupe; Juana Francisca de Chantal.

13 Lucía; Odila; Antíoco.

14 Juan de la Cruz; Florencio.

15 Cristiana o Nina; Ireneo; Maximino de Micy.

16 Alicia; Adelaida; Azarías.

17 Lázaro de Betania; Florián.

18 Nuestra Señora de la Esperanza; Graciano de Tours.

19 Eva (primera mujer); Darío; Gregorio de Aquitania.

20 Domingo de Silos; Abraham, Isaac y Jacob.

21 Temístocles; Pedro Canisio; Severino de Tréveris.

22 Graciano; Elena; Francisca Cabrini.

23 Victoria y Anatolia; Pedro el Venerable.

24 Adela; Paula Isabel Cariolo; Delfín.

25 Natividad de Nuestro Señor Jesucristo.

23 Esteban el Protomártir; Inés Phila; Teodoro.

27 Juan Evangelista; Fabiola.

28 Los Santos Inocentes; Abel (hijo de Adán y Eva); Gaspar de Búfalo.

29 David (rey); Tomás Becket.

30 Dionisio; Juan Alcober.

31 Nuestra Señora de la Paloma; Silvestre; Mario.

Anexo II

Todos los nombres citados en este libro

Este listado presenta los nombres ordenados en forma alfabética, con una remisión entre paréntesis que indica el apartado donde se ha incluido seguido de la página:

Antiguo Testamento *(A.T.)*
Nuevo Testamento *(N.T.)*
Nombres cristianos:
      Genéricos *(C.g.)*
      Santoral *(C.s.)*
      Vírgenes *(C.v.)*
      Ángeles *(C.a.)*
Nombres mitológicos y legendarios *(M.L.)*
Nombres de la Antigüedad Clásica *(a. C.)*
Nombres de personajes famosos:
      Históricos *(P.F.h.)*
      Literarios y musicales *(P.F.lm.)*
Nombres de la naturaleza:
      Plantas y flores *(N.pf.)*
      Animales y aves *(N.aa.)*
      Minerales y piedras preciosas *(N.mp.)*
Nombres de lugares *(Lu.)*
Nombres astrales *(As.)*
Nombres de cualidades *(Cu.)*

Los nombres que se aplican a ambos géneros se señalan en el que suele ser más usual, o en su defecto en masculino. Por ejemplo, para encontrar «Camelio» debe buscarse en «Camelia», pero «Juana» se registra junto con «Juan».

A

Aarón *(A.T.)*, 11
Abdón *(A.T.)*, 12
Abel *(A.T.)*, 12
Abelardo *P.F.h.)*, 189
Abimelec *(A.T.)*, 12
Abraham *(A.T.)*, 13
Abril *(As.)*, 245
Absalón *(A.T.)*, 13
Ada *(A.T.)*, 14
Adán *(A.T.)*, 14
Adela *(C.s.)*, 69
Adolfo *(C.s.)*, 69
Adonías *(A.T.)*, 14
Adonis *(M.L.)*, 141
Adoración *(N.T.)*, 41
Adriano, *(P.F.h.)*, 189
África *(Lu.)*, 235
Afrodita *(M.L.)*, 141
Agamenón *(M.L.)*, 142
Ágata *(N.mp.)*, 231
Agesilao *(a. C.)*, 171
Agripina *(a. C.)*, 171
Águeda *(C.s.)*, 70
Agustín *(C.s.)*, 70
Agustina *(P.F.h.)*, 190
Aída *(P.F.lm.)*, 209
Ainoa *(C.v.)*, 120
Aitor *(M.L.)*, 142
Alba *(As.)*, 245
Albano *(Lu.)*, 235

Alberto *(C.s.)*, 71
Alceo *(M.L.)*, *143*
Aldonza *(P.F.lm.)*, 209
Alejandrino *.C.)*, 172
Alejandro *(P.F.h.)*, 190
Alejo *(a. C.)*, 172
Alexis *(a. C.)*, 173
Alfonso *(P.F.h.)*, 191
Alfredo *(C.s.)*, 71
Alicia *(a. C.)*, 173
Alida *(a. C.)*, 173
Álvaro *(C.s.)*, 72
Amadeo *(P.F.h)*, 191
Amapola *(N.pf.)*, 219
Amatista *(N.mp.)*, 232
Ambrosio *(C.s.)*, 72
Américo *(Lu.)*, 236
Amón *(A.T.)*, 15
Amparo *(C.v.)*, 120
Ana *(N.T.)*, 41
Andrés *(N.T.)*, 41
Ángel *(C.a.)*, 134
Ángeles *(C.a.)*, 134
Angélica *(C.a.)*, 135
Aníbal *(P.F.h.)*, 192
Anselmo *(C.s.)*, 73
Antígona *(M.L.)*, 143
Antíoco *(A.T.)*, 15
Antonio *(C.s.)*, 73
Apeles *(a. C.)*, 174
Apolo *(M.L.)*, 144
Aquiles *(M.L.)*, 144

Araceli *(C.v.)*, 121
Aranzazu *(C.v.)*, 121
Arcángel *(C.a.)*, 136
Argentino *(Lu.)*, 236
Ariadna *(M.L.)*, 145
Ariel *(C.a.)*, 136
Arístides *(a. C.)*, 174
Aritóteles *(P.F.h.)*, 192
Arturo *(M.L.)*, 145
Ascensión *(C.g.)*, 61
Astarté *(M.L.)*, 146
Atenea *(M.L.)*, 146
Augusto *(P.F.h.)*, 193
Aureliano *(P.F.lm.)*, 210
Aurelio *(a. C.)*, 175
Aurora *(As.)*, 246
Azarías *(A.T.)*, 16
Azucena *(N.pf.)*, 219

B

Baltasar *(N.T.)*, 42
Bárbara *(C.s.)*, 74
Barrabás *(N.T.)*, 42
Bartolomé *(C.s.)*, 74
Baruc *(A.T.)*, 16
Basilio *(C.s.)*, 75
Bautista *(N.T.)*, 43
Beatriz *(P.F.lm.)*, 210
Begonia *(N.pf.)*, 220
Begoña *(C.v.)*, 122

Índice

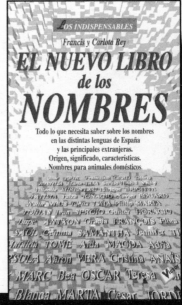

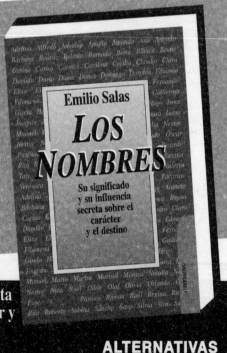

4500